Jan Myrdal

DER ANDERE STRINDBERG

Jan Myrdal

DER ANDERE STRINDBERG

Omslagsbild: Einar Nerman
Förlag: BoD – Books on Demand, Stockholm, Sverige
Tryck: BoD – Books on Demand, Nordenstedt, Tyskland
ISBN: 978-91-7851-053-5

Inhaltsverzeichnis

Vorwort des Herausgebers

Warum Literaturkritik? Was hat Balzac, Strindberg, Orwell oder Jules Verne mit uns zu tun?

Die Antwort ist einfach. Wir sind Balzac und Strindberg, Orwell und Jules Verne. Im Guten wie im Bösen beeinflussen sie unser Denken und Handeln. Dass wir uns dessen nicht bewusst sind, ist das 'Verdienst' der bürgerlichen Erziehung, die uns das Werk, den Schriftsteller (was immer es sonst sein mag) als vereinzeltes Phänomen darstellt, aus den geistesgeschichtlichen und sozialen Zusammenhängen herausgerissen. Als ein Bild, das plötzlich in einem ansonsten undurchdringlichen Nebel auftaucht. So entstehen Bilder, die wie auf dem Fernsehschirm vorbei flimmern. Die schließlich gar nicht mehr bewusst wahrgenommen werden, seien es auch die größten Ungeheuerlichkeiten, die uns bewusstlos machen, uns instrumentalisieren.

Und das ist das Ziel der Herrschenden: willige, bewusstlose Instrumente.

In lebendiger und überzeugend marxistischer Weise zerstreut Myrdal nicht nur die von bürgerlichen und marxologischen Schaumschlägern um das Bild gelegten Nebel, gibt ihm seinen geschichtlichen und sozialen Kontext wieder zurück, wobei es natürlich seine Qualität ändert, es zu einem Gemälde wird, sondern macht aus dem Bild auch einen Spiegel, in dem wir uns in unterschiedlichem Maße wiedererkennen können. Dieser Spiegel zeigt uns, von wo wir kommen, welche Stationen hinter uns liegen, wohin wir gehen, welche Stationen vor uns liegen. Und das sind viele. Nur so aber lässt sich eine Linie erkennen, wird ein Weg sichtbar.

Das nennt man kritische Übernahme der Vergangenheit. Sicher, die Vergangenheit ist groß und hier werden nur einige wenige Momente herausgegriffen. Aber auch wenn es wichtige Beispiele sind, durch die Kraft der Ausstrahlung, die sie bis heute behalten haben, so sind die Beispiele an und für sich beliebig. Die Methode ist wichtig. Denn die Methode kann und muss, wenn wir den Kampf um den Überbau ernstlich aufnehmen wollen, überall angewendet werden. Bei allem, was wir lesen, hören, sehen. Literatur, Musik, Film. Das Meiste bleibt zu tun. Aber dies ist ein wichtiger Neubeginn.

25.8.76
Einar Schlereth

Über das Svanbergsproblem in der Strindberg-diskussion

Victor Svanberg's Geschichtsschreibung ist subjektiv und perspektivlos. (Man sehe sich nur die Behandlung der Widersprüche zwischen Carl Larsson und Strindberg und zwischen Warburg und Strindberg an.) Sein Radikalismus ist platt und philiströs. („Ist ein Genie über die elementarsten Regeln der Moral erhaben?" Mit demselben Recht könnte man einen Essay über Jan Fridegård mit dem Ausruf abschließen: „Entschuldigt ein guter Stil einen Verfasser, der im Gefängnis gesessen hat, an Geister glaubte und Kinder geschlagen wissen wollte?" Seine wissenschaftliche Methode ist mangelhaft. (Es ist beinahe rührend naiv, dass er selbst schreibt: „...'Das „ist mir doch völlig egal, und wenn es eine Katze war, die er liebte', sagte einmal Erik Blomberg. Er sagte das über Viktor Rydberg, als meine Enthüllung, dass Rydberg homosexuell war, einen viel schlimmeren Sturm der Entrüstung entfacht hatte als mein Götzen-Diebstahl im Strindbergtempel." Ein Vergleich zwischen Victor Svanberg und Erik Blomberg zeigt, wie man arbeiten kann, damit es nicht „völlig egal ist, ob es eine Katze war, die er liebte".)

Seine Diskussion über die Größe von Strindbergs Penis zeigt sein eigenes Unvermögen, den sozialen Inhalt der privaten Vorstellungen zu sehen. (Torsten Eklund – dessen Methode man diskutieren kann – ist bedeutend vorsichtiger.

Er setzt Strindbergs Vorstellungen in einen sozialen Zusammenhang: „Strindberg ist aus einem kleinbürgerlichen Milieu gekommen, in dem eine vollständig patriarchalische Rangordnung herrschte...") Victor Svanberg macht die Größe von Strindbergs Penis zu einer physiologischen Frage, also zu einer Ursache:

„Eine rein physiologisch bedingte Ursache für Minderwertigkeitskomplexe ist offenbar gewesen, dass er einen ungewöhnlich kleinen Penis zu haben meinte.. ."

Victor Svanberg stellt sich vor, dass derjenige, der gegen seine Arbeitsmethode reagiert, das aus Unwillen" darüber macht, „im Privatleben großer Männer zu schnüffeln". Er scheint auch zu meinen, dass seine Arbeitsmethode die richtige sei „in dem dynamischen Jahrhundert der sozialen Umwälzungen und der Soziologie".

Um zu zeigen, wie sehr er Unrecht hat, genügt es, die Diskussion über Strindbergs Penis zu Ende zu führen. Svanberg schreibt: „Eine rein physiologisch bedingte Ursache ..." Aber die Größe des Penis ist eine für die Fortpflanzung und die sexuelle Befriedigung des Partners unmaßgebliche Qualität. Ausnahmen davon sind schwere organische Missbildungen unter denen Strindberg nicht litt. Also ist es aus mit der „rein physiologischen Ursache".

Svanberg schreibt: „... er meinte einen ungewöhnlich kleinen Penis zu haben, konnte nur schwer zur Erektion kommen und ejakulierte ungewöhnlich schnell. Diese sexuellen Eigenschaften ..." Doch sind diese Eigenschaften und Ungewöhnlichkeiten ziemlich allgemein. Die Mehrheit der schwedischen Männer ist mit solchen ‚Vorstellungen von sich selber' behaftet.

(Es gibt recht gute Untersuchungen, die das belegen). Damit wird also die Frage über Strindbergs Eigenschaften in eine Frage von sozial bedingten Vorstellungen von männlich und weiblich verwandelt, die Strindberg und eine sehr große Gruppe schwedischer Männer zur gleichen Zeit gemeinsam hatten, denen Strindberg aber einen einzigartigen, ungewöhnlichen und eigenen Ausdruck verlieh.

Das Interessante an „dem dynamischen Jahrhundert der sozialen Umwälzungen „und der Soziologie“ wird dann sein, die so ungewöhnlichen und einzigartigen Ausdrücke zu untersuchen, um größere Klarheit über die soziale und politische Bedeutung dieser Vorstellungen zu gewinnen.

Das Interesse an Strindbergs Penis wird dann ein Privatinteresse. Nicht für Strindberg, aber sehr wohl für manche seiner Kritiker. In dem Maße, wie es wichtig ist, kann dann sogar dieses Interesse analysiert werden und also als ein soziales und politisches – und nicht individuelles und physiologisches Interesse nachgewiesen werden.

Victor Svanberg schreibt: „Die Neu-Marxisten versuchen sich und anderen einzureden, dass er Marxist war.“ Soweit ich weiß, hat niemand (sei er Marxist oder Nicht-Marxist), der Strindberg gelesen hat, behauptet, dass er ein Marxist war. Wenn es jemand getan hat, bedeutet das nur, dass der Betreffende das Material, über das er sich äußert, nicht untersucht hat (und damit kein Recht hat, sich zu äußern, ob er sich nun Marxist nennt oder nicht).

Das Problem ist ein anderes. Mein Großvater mütterlicherseits war Sozialist. In seinem Bücherregal stand Strindberg neben dem „Jahrhundert der Sozialdemokratie“. In der AVB, Nr. 1, 1949 schreiben u.a. Herbert Grevenius, Eyvind Johnson und Gustav Hedenvind-Eriksson unter dem Titel „Ihre Begegnung mit Strindberg“:

„Strindberg wurde zu den Unsrigen gerechnet. Er wurde mit demselben Respekt genannt wie Branting und Staaff. Er war ein guter Kerl und war für die Arbeiter eingetreten. Er hatte eine Menge übertriebene Ansichten, aber man konnte mit ihm auskommen, und die Oberschicht konnte ihm niemals verzeihen, dass er die Wahrheit sagte, und Sachen und Dinge so darlegte, wie sie waren. (Herbert Grevenins)

„Das schönste an Strindberg war, dass er zuverlässig auf der Seite der Arbeiter stand und eine bessere Gesellschaft ohne Herren und Sklaven wollte. Er war jemand, der seine Meinung sagen konnte. Aber gleichzeitig war seine Stellung zu den Schwarzröcken nicht ganz eindeutig. Aber – das sagte einmal ein Mann, ich glaube 1913-14, zu mir: „Strindberg, vor dem haben alle großen Herren Angst. Er sagte seine Meinung und erzwang sich Respekt. Den konnten sie nicht anscheißen!

„Aber, das mit den Schwarzröcken, das hab’ ich gehört?“

„Quatsch, natürlich hatte er auch seine Mucken. Aber daran muss man sich nicht stören. Aber er sagte seine Meinung, wirklich schade, dass er tot ist.” (Eyvind Johnson)

„Mein erstes für Geld erworbenes Buch war ’Das neue Reich’ von Strindberg .... Wenn ich bei der täglichen Arbeit darüber nachdachte, was ich am Abend zuvor gelesen hatte oder in der Nacht am offenen Feuer oder beim Schein eines Kienspanes (denn die Fotogenlampe durfte nicht unnötig angezündet werden. Fotogen kostete damals fünfzehn Öre pro Liter, und fünfzehn Öre waren eine Menge Geld.), so bekam ich das Gefühl, als müsste ich um jeden Preis den Inhalt in diesem saugenden Strom von Worten, Ansichten, Sätzen verstehen lernen. Ich las das Buch auch mehrere Male. Stellenweise konnte ich es auswendig." (Gustav Hedenvind-Eriksson)

Und in Sture Källbergs Buch „Rapport aus einer mittelschwedischen Stadt: Västerås „„sagt der Pensionär Gösta Lundvall: „Von Strindberg sagte man in meiner Jugend, dass er, wenn er erst einmal richtig zu schreiben loslegte, so viel wie zwei Bergarbeiter essen musste."

Strindberg wurde gelesen; aber der Heidenstam, der den ‚Medborgarsången' (Das Bürgerlied) geschrieben hatte, konnte nach seiner Fehde mit Strindberg nicht einmal 2000 Exemplare seiner fünfundzwanzig-Öre-Schrift, ‚Was wir wollen' verkaufen, obwohl er zum Nationalskalden ernannt worden war. Denn er war nicht der Nationaldichter des Volkes, sondern nur der Dichter der ‚Nationalen'.

Victor Svanberg verweist auf Harry Järvs zwei Bände ‚Die Strindbergfehde'. Aber er merkt nicht, dass Harry Järvs Zusammenstellung nicht die ganze Strindbergfehde enthält. Harry Järv sagt selbst, dass seine Zusammenstellung „angemessene Forderungen nach Vollständigkeit erfüllen sollte". Das Wort ‚angemessen' ist ein gefährliches Wort. Um die Strindbergfehde zu begreifen und zu verstehen", warum sich die schwedische Arbeiterklasse hinter Strindberg stellte, wäre es notwendig gewesen, das Material zu vervollständigen. Denn einerseits fehlt die Debatte, die in Strindbergs letzten sechs Monaten geführt wurde, und andererseits fehlt die Debatte, die auf Grund der Strindbergfehde zwischen Branting und der Stormklockan geführt wurde (und die die Parteispaltung vorwegnimmt).

In Järvs Auswahl ist die Strindbergfehde teilweise ihres politischen Inhalts beraubt und auf dem ‚literarischen' Feld geführt worden. Jüngere sozialistische Literaturhistoriker sollten sich die Aufgabe angelegen sein lassen, Järvs Auswahl mit einem Zusatzband zu komplettieren.

Victor Svanberg identifiziert sich mit den Jungsozialisten und deren Angriff auf Strindberg: „Das Lesen der Strindbergfehde hat mich vor allem durch die Entdeckung gefreut, dass die Jungsozialisten einen Angriff von links vorwegnahmen, der mein Ziel in dem Strindbergkult war."

Aber welchen Charakter hatte der jungsozialistische Angriff ‚von links'?

„Irgendso ein fetischpredigender Tanganjikanigger ist in den letzten Jahren in diesem Lande aufgetreten mit ‚B1aubüchern' und mit dem großen Anspruch, vom Absoluten Bescheid zu wissen, und hat uns zuletzt mit der ‚Rede an die schwedische Nation' erfreut, die unter der kulturlabernden (kommerziellen) Protektion der ‚Roten Jugend' herausgegeben wurde (nicht zu verwechseln mit der sozialistischen Jugend) .....

Und dann schluckt er das Christentum mit Stumpf und Stil, Gott und den Teufel. Vor allem Gott . . Er ist in das Reich des Glaubens eingetreten, über dessen Schwelle niemals die Zweiflergestalt des Wissens gelassen wurde. Wo der Glaube beginnt, dort endet jede auf Vernunft gegründete Diskussion." (Albert Jensen, ‚Brand' vom 19-11.1910)

Die 'Stormklockan' gab eine andere Einschätzung: „Überschaut man Strindbergs enorme, sagenhafte Produktion, so schlägt einem eine gewaltige Woge von tiefer, unbezwinglicher Liebe für das Volk, das arbeitet und beladen ist, entgegen ... Es war kein Zufall, dass 'Die Utopien' gerade dann herauskamen, als die keimende Saat des Sozialismus von einer hellwachen, erschreckten Bürgerklasse zertrampelt werden sollte, dass ‚Die gotischen Zimmer' kurz nach dem ersten großen Streik herauskamen und dass der ‚Volksstaat' nach dem zweiten großen Kraftakt zwischen Herren und Sklaven herauskam.“ (Fredrik Ström ‚Stormklockan' vom 19-11-1910)

Der Angriff der Jungsozialisten war kein Angriff von links. Für die war der Kampf gegen Gott wichtiger als der Kampf gegen das Kapital. Das waren kleinbürgerliche Anarchisten. Für Fredrik Ström in der Stormklockan hingegen war die wesentliche Frage nicht Strindbergs Verhältnis zu Gott, sondern Strindbergs Einstellung zum Volk und seinem Kampf.

Somit stellt sich das Svanbergproblem ganz deutlich dar. Sein Radikalismus (und die ‚Linkskritik' der Jungsozialisten) konnte nur wegen der schwedischen Zurückgebliebenheit so lange in der Rolle des 'Radikalismus' auftreten.

Jan Myrdal: ‚Strindberg und Balzac', Norstedts.

Jenseits Von Abtrünnigkeit

Aus Anlass von Strindbergs sechzigjährigem Geburtstag wurden im ‚Social-Demokraten' vom 22. Januar 1909 die Antworten auf eine Rundfrage ‚Was halten Sie von Strindberg?' abgedruckt. Hjalmar Brantings Antwort war typisch für den offiziellen Radikalismus in Schweden:

„Für den jungen Strindberg, den Bahnbrecher, den Erwecker aller Bewunderung und Verehrung. Für den Dichter im reiferen Mannesalter ... einen Platz in Europas ehrwürdigem Areopag.

Aber für den Strindberg der ‚Schwarzen Fahnen' und ‚Blaubücher', der in den Schatten des Infernos zum Glauben an das kranke und leere Evangelium der Mystik bekehrt wurde, den Herzenswunsch, dass er wieder er selbst werden möge."

Diese Beurteilung Hjalmar Brantings war nicht nur die Auffassung des damaligen offiziellen Radikalismus über Strindberg; sie blieb auch die Auffassung des offiziellen Radikalismus und in dem Maße, wie sich der Radikalismus etablierte und damit verblasste, wurde diese Strindberg-Auffassung immer gängiger.

Sie dürfte jetzt in unseren gewöhnlichsten Nachschlagwerken zu finden sein.

Ein paar Jahre zuvor – als Hjalmar Branting nicht anlässlich eines Festaktes zu schreiben brauchte – hatte er deutlicher gesprochen:

„Aber stattdessen findet man in diesem Buch, was man in Kenntnis von Strindbergs unruhig suchenden, skeptischem Geist bis zu allerletzt bezweifeln wollte, dass er nämlich nunmehr mit Haut und Haar, ohne Zweifel und ohne neue Entwicklungsmöglichkeiten in den Dienst der geistlichen Mächte getreten ist, gegen die er in seiner Jugend und auch noch viel später mit solcher Kraft die Waffe der Kritik und des freien Geistes geführt hatte....'Die schwarzen Fahnen' sind eine schwere Verirrung, aber vielleicht ist die Hoffnung auf eine wiederkehrende geistige Gesundung doch nicht ganz auszuschließen.

‚Das Blaubuch' dagegen liefert den Kommentar zu dem vorgenannten Buch mit einer so veränderten Weltanschauung, dass wir offenbar August Strindbergs noch übriggebliebene literarische Kraft als Verstärkung des Autoritätsglaubens und des Bestehenden zählen müssen gegen die trotz allem siegeszuversichtlichen Kräfte der Kritik und des heranwachsenden Neuen." (Social-Demokrat vom 13. 9. 07)

Nun muss gesagt werden, dass dies vor der Strindbergfehde geschrieben wurde, dass sich Hjalmar Branting irrte, als er Strindberg eine neue Entwicklungsmöglichkeit absprach. Um Branting selbst sprechen zu lassen:

„Aber das war ein Irrtum. Im tiefsten Innern steckte der Revolutionär, der Zweifler, der Forschende, einer, der falschen Schein und Überholtes entlarvt, wo es sich zeigt. Und so endete er dort, wo er begonnen hatte, bei den Bedrückten, als der geliebte Dichter des Volkes und der standfeste Feind der ‚Oberschicht' – er selbst münzte ja übrigens dieses Wort ‚Oberschicht' – das in einer vergessenen sozialistischen Utopie-Konstruktion vergraben lag!" (Hjalmar Branting zu

Strindbergs Tod. Social-Demokraten vom 15.5.1912)

Das ist eine weit verbreitete Auffassung. Strindberg war radikal, als er ‚Das neue Reich' und ‚Das schwedische Volk' und die ‚Utopien' schrieb, dann war er Mystiker, als er das ‚Inferno' schrieb und mit Mystik und Aberglauben weitermachte bis zur ‚Großen Landstraße' und dann – als er Abschied vom Publikum mit den Schlussworten des Jägers genommen hatte:

„O Ewiger! Ich lass nicht deine Hand, deine harte Hand,
bevor du nicht gesegnet hast!
Segne mich, deine Menschlichkeit,
die leidet, leidet an deinem Geschenk des Lebens!
Mich zuerst, der am meisten gelitten – am meisten am
Schmerz gelitten, nicht sein zu können, der ich wollte!"

- bricht er ein paar Monate danach in den Artikel ‚Pharaonenverehrung' aus; alles wird von vorne aufgerollt und die Fronten werden sichtbar und Strindberg ist wieder radikal und Demokrat und bei den Seinen. Und man verzeiht ihm seine Religion.

Wenn man Strindbergs Entwicklung auf diese Weise betrachtet, dann wird sein Radikalismus der achtziger Jahre das Wesentlichste. Strindberg hat nur den Radikalismus seiner Jugend zurückgewonnen (und nur zum Teil zurückgewonnen).

Bei einer solchen Betrachtungsweise wird die große Unterstützung des alternden Strindberg durch das Volk zu einer Unterstützung zu seinem Schutz. Strindberg wird dann derjenige, der den Schutz des Volkes suchte, nachdem er die Oberschicht herausgefordert hatte. So beschreibt zum Beispiel Ernst Almqvist die Dinge, als er, um die Ursachen für die Isolierung von C. J. L. Almqvist in den 1840-er Jahren herauszufinden, einen Vergleich mit Strindberg im Jahre 1910 anstellt:

„Es kann ja nicht abgestritten werden, dass Loves Satire und Kälte ihm verschiedentliche und verdientes Ärgernis eingebracht hatte, der eine warmherzige Person entgangen wäre. Aber wir dürfen auch nicht vergessen, dass viel größere Geister als Love von demselben Schicksal betroffen wurden, isoliert und vertrieben zu werden. Ich will bloß an Swedenborg erinnern, der nach einem gegen ihn gerichteten Reichstagsbeschluss im Alter von 80 Jahren das Land verlassen musste. Loves Onkel väterlicherseits Erik, der Bischof, hätte dasselbe Schicksal ereilen können. Aber er wurde in Frieden gelassen, weil er nicht öffentlich polemisierte. Deshalb war seine Stellung geschützt.

Es dürfte ein allgemeingültiges Gesetz sein, dass ein bedeutender Mensch sein Zeitalter beherrschen muss, in der Lage sein muss, es mit sich zu ziehen; andernfalls wird er selbst eliminiert.

Als Strindberg, nachdem er so viel Beifall für seinen Kampf gegen ‚die alten Götter' in den ‚Schwarzen Fahnen' erhalten hatte, und dann gegen die zeitgenössischen ‚Gottheiten' zu Felde zog, da wurde er exkommuniziert. Er wurde als moralisch, nicht intellektuell defekt abgestempelt. Gleichzeitig wurde ihm unterstellt, durch seinen Hang zum Christentum für die Autoritätsgläubigkeit zu arbeiten. Strindberg befand sich bei dieser Gelegenheit in einer ähnlichen Lage wie Love 1840. Aber in unseren Tagen gibt es Auswege, die zur genannten Zeit nicht vorhanden waren. Strindberg, der sich in die Arme „der Sozialdemokratie warf", konnte dadurch vermeiden vollständig isoliert zu werden.... Vor 70 Jahren hatte die Arbeiterklasse im öffentlichen Leben kaum etwas zu sagen; sie studierte nur das Psalmbuch und den Katechismus.

Love hatte stets auf der Oberschicht herumgehackt, obwohl er sich der Gefahr bewusst war. Natürlich glückte es ihm, gute volkstümliche Schriften zu schaffen, konnte aber selbst keinen Nutzen daraus ziehen. Es ist unmöglich für einen Propheten, volles Verständnis zu finden, wenn er sich mehr und mehr in die Zukunft hineinlebt und deutlich erblickt, wovon seine Zeitgenossen nicht einmal zu träumen wagen. Er kann sich nicht einmal langfristig seiner Früchte erfreuen ... Als die Katastrophe 1851 eintraf, war der Dichter praktisch vollständig isoliert. Wir können es am sichersten daran erkennen, dass überhaupt keine tonangebende und ihm nahestehende Person oder irgendein Kreis ihn verteidigte. Hierta deutet sogar an, dass er ihn im Aftonbladet nur aus Erbarmen für seine Frau und Kinder behalten hat.“ (Ernst Almquist „C. J. L. Almqvist: Studier över personligheten“, Stockholm 1914, S.132-133)

Das ist ein gutes Zitat; das sagt viel Richtiges, und stimmt doch nicht. Es ist richtig, dass es ein für die schwedische Misere allgemeingültiges Gesetz gibt, das sowohl Almqvist als auch Strindberg traf. Wenn das Wort ‚Prophet‘ verwendet wird, wird auch verständlich, dass das Gesetz sie dann trifft, wenn es für ihre Kritik keine ausreichende soziale Basis gibt. Sie werden isoliert, da sie der Klasse voraus sind, deren Wort sie führen. (Was natürlich nicht der Tatsache widerspricht, dass deren Worte dennoch eine Wirkung zeigen, bis weit in die Zukunft hinein.) Es ist auch richtig, dass der entscheidende Unterschied zwischen 1851 und 1911 die Existenz der

Arbeiterklasse ist. Aus der Klasse, die es 1851 nur in Form einer zahlenmäßig kleinen Katechismus-lesenden und unterdrückten Masse gab, war eine große Arbeiterklasse geworden, die sich als Klasse organisierte. Es ist also richtig, dass Strindberg der Isolierung entging, indem er sich ‚in die Arme' dieser Klasse warf ... oder nicht?

War Strindbergs Rolle in den Jahren 1910-1912 nur eine passive, als er sich „in die Arme der Arbeiterklasse warf" und beim Volk Schutz suchte und dadurch den Radikalismus seiner Jugend wiedergewann? Ernst Almqvist verwendet das Wort ‚Sozialdemokratie' als Synonym für die Arbeiterklasse; aber während er schreibt, dass diese Sozialdemokratie ihn gegen diejenigen schützte, die ihn anklagen,"für die Autoritätsgläubigkeit zu arbeiten", so war es doch – wie aus Brantings Beitrag aus dem Jahr 1907 hervorgeht – gerade dieser, der offiziellste Repräsentant der 'Sozialdemokratie', der diese Anklage erhoben hatte. Ernst Almquists sympathische und scheinbar richtige Beschreibung enthält also starke Widersprüche.

Und wenn man die Ereignisse genauer betrachtet, dann wird es noch bedeutend komplizierter; viele Rollen tauschen ihre Träger, Anschauungen wechseln die Vorzeichen und schaut man ganz genau hin, dann wird ein ganz neues Muster sichtbar.

Und dieses neue Muster erklärt, warum Strindbergs Gesellschaftskritik immer noch ihre Wirkung zeigt, mitten unter uns, während die Gesellschaftsdebatte seiner Kollegen aus den achtziger Jahren nur noch zu dem zeittypisch Interessanten gehört.

Um sich darüber im klaren zu werden, ist es notwendig, die

Jahre kurz vor Strindbergs Tod genau zu studieren. Er ist sich bewusst, dass er bald sterben wird; er nimmt den Kampf auf und die Widersprüche wachsen um ihn herum und summieren sich zu einer großen Summe. Ich habe früher schon über Harry Järvs Auswahl in zwei Bänden ‚Die Strindbergfehde' geschrieben. Das ist eine Auswahl, die nach dem gängigen Muster zurechtgestutzt wurde; trotz aller ihrer Verdienste ist diese Auswahl damit so stümperhaft und so unvollständig, dass das Material nur schwer zu deuten ist. Es ist notwendig, einen dritten Band herauszugeben, damit diese Auswahl von Järv nicht als Sperre fungiert.

Die politische Bedeutung von Strindbergs erstem Artikel in der Fehde, ‚Pharaonenverehrung' im April 1910 wird erst zwei Jahre später deutlich, als Strindberg die Artikelserie ‚Der Kurier des Zaren oder die Geheimnisse des Sägenfeilers' veröffentlicht. Diese ganze abschließende Debatte hat Järv gestrichen. Aber durch seine harten Angriffe hatte Strindberg die Widersprüche offengelegt und dann, vor seinem Tod, konnte er die Analyse der neunziger Jahre und „der Nationalen" zu Ende führen. In diesen Artikeln aus dem Jahr 1912 – zehn Jahre bevor Mussolini in Rom die Macht ergriff – zeigt Strindberg, wie "die Nationalen" zum Faschismus bekehrt werden. Hedins und Heidenstams weitere Entwicklung zeigt, wie klar Strindberg sie sah. Die Strindbergfehde war die erste moderne ‚literarische' Fehde. Zwischen 1910 und 1912 zog Strindberg eine Grenze, die immer noch gilt. Es war die Linie, die dreißig Jahre nach seinem Tod die Linie zwischen der antifaschistischen Einheitsfront und unseren intellektuellen Haus-Nazis wurde, die sich auf Böök, Hedin und Heidenstam beriefen. Strindberg riss den werdenden Faschisten die Maske vom Gesicht.

Aber auch in einer anderen Richtung muss Harry Järvs Auswahl ergänzt werden. Bei ihm fehlt das Material, das es erst möglich macht zu analysieren, wie die verschiedenen Gruppierungen innerhalb – und dicht daneben – der schwedischen Sozialdemokratie in der Strindbergfehde auftraten. Auch für sie wurde die Strindbergfehde entscheidend und auch diese Debatte ist von tagespolitischer Bedeutung.

Es lassen sich drei verschiedene Gruppierungen ausmachen. Die sozialdemokratische Parteirechte mit Branting an der Spitze. Die marxistisch beeinflusste Stormklockan-Falange. Und die sogenannte äußerste Linke um Hinke Bergegren. Die einzige Gruppe, die Strindberg während der ganzen Fehde unterstützte, war die Stormklockan-Falange. Sie war es auch, die mit Strindberg zusammenarbeitete. Sie war es, die Strindbergs Pamphlete‘ in der Fehde publizierte: ‚Rede an die schwedische Nation‘, 'Der Volksstaat‘, ‚Religiöse Renaissance‘, ‚Der Kurier des Zaren oder die Geheimnisse des Sägefeilers‘ veröffentlichte.

Branting und seine liberalen Freunde nutzten zuerst die Fehde aus, um die Stormklockan-Falange anzugreifen; später wurden sie von der immer stärker werdenden Polarisierung dazu getrieben, für Strindberg Stellung zu nehmen. Jedoch – was in jener Lage unvermeidlich war – auf eine Weise, die möglichst als eine ‚literarische‘ und keine politische Stellungnahme gedeutet werden sollte.

Die Superlinken um Hinke Bergegren schließlich, schlossen sich Hedin und der Rechten an. Mit dem Unterschied, dass sie Strindberg ‚von links‘ angriffen. Einige der perfidesten Angriffe gegen Strindbergs Linie kamen von deren Seite.

Die hauptsächliche Motivation für deren Angriff scheint gewesen zu sein, dass Strindberg kein Atheist war.

Es war die Stormklockan-Falange und der sozialdemokratische Jugendverband, die die Nationaleinsammlung für Strindberg organisierten. 20 000 Personen gaben für diese Sammlung ihren Beitrag. Damit wurde die Strindbergfehde auch zu einer breiten politischen Massenbewegung. Die Kritik an den reaktionären Ideologen um Heidenstam und Hedin machte den Schritt aus den Kulturblättern hinaus auf die Straßen, Märkte und die Arbeitsplätze.

Strindberg leitete die Fehde am 29. April 1910 ein, als gerade die reaktionären Kräfte mit der Unternehmensrechten an der Spitze zu triumphieren schien. Der große Streik hatte mit einer Niederlage geendet. Die Mitgliederzahl der Gewerkschaft war von 162 000 auf etwas über 100 000 gesunken und sank das ganze Jahr über weiter, bis die Gewerkschaft nur noch 80 000 Mitglieder zählte. Viele bewusste Arbeiter waren in die Emigration getrieben worden. Brantings liberale Freunde griffen die Arbeiterbewegung an. Hedin und Heidenstam waren die Symbole des neuen verdeutschten und selbstbewussten Bürgertums; dass Strindberg in dieser Lage eine literarische Fehde eröffnete, die sich zu einer politischen Massenagitation auswuchs, sollte eine große Bedeutung erlangen.

In dieser Massenagitation wurde Hinke Bergegrens wortradikale Politik entlarvt. Die Front gegen die Unternehmerreaktion wurde errichtet. Die Agitation um die Strindbergfehde und die Nationaleinsammlung bereitete das Bewusstsein der Arbeiterklasse von Hedins Rolle vor, die dazu führte, dass der Nationalismus des Bauernmarsches nicht an die Macht gelangte und Schweden nicht in den Krieg treiben konnte. Innerhalb der Sozialdemokratie wurde die Linke gestärkt. Die reaktionäre Offensive wurde zurückgeschlagen.

Diese Debatte bedeutete auch, dass die schwedische Arbeiterklasse zum ersten Mal eine sogenannte literarische Diskussion übernahm; bewusst begann die Klasse den Kampf um den Überbau aufzunehmen. Es war deshalb kein nichtssagendes Dankeschön, als der todkranke August Strindberg den Kongress des Sozialdemokratischen Jugendverbandes im Monat April 1912 gegrüßt und 1000 Kronen für die Studientätigkeit des Verbandes stiftete.

Es war eine politische Manifestation.

Es gibt wichtige Lehren aus dieser Debatte zu ziehen, die zwischen 1910-1912 geführt wurde. Denn so lange die Besitz-Verhältnisse in der Gesellschaft nicht grundlegend verändert werden, werden wieder und wieder dieselben Strömungen in verschiedenen Masken auftreten. Hinke Bergegrens Jungsozialisten stellten sich auf die Seite der Reaktion zusammen mit der Unternehmerreaktion und bekämpften das Volk mit der Begründung, dass Strindberg an Gott glaube.

Wie weit die Strindbergfehde Hinke Bergegren nach rechts schleuderte, zeigt zum Beispiel der Bericht seiner Rede in Ny Tid, die er im Lokal 'Aftonstjärnan' in Lindholmen in Göteborg am 3.8.10 hielt.

„Jetzt wird er (der Kampf. J. M.) mehr um ihn persönlich geführt, weil Strindberg, der ohne eigentlichen Grund so hoch in den Gedanken des Volkes steht, zu schreien angefangen hat, um sich sozusagen in Erinnerung zu rufen. Er hat richtige Geschichtsfälschungen begangen, wie z.B. in der Frage Atterbom. Und er ist zu einem gewöhnlichen Gläubigen geworden. Denkt nur, der Titan, der im Bett auf den Knien liegt und spricht 'Gott, der seine Kinder liebt. . .' Und auf so was lassen sich die Sozialdemokraten ein. Sie gaben diese Artikel Strindbergs in Buchform heraus. Die Arbeiter sind von der Sozialdemokratie auch in der Frage der Erziehung zum Kunstverständnis so wahnsinnig genasführt worden, dass sie deren Liebe zu künstlerisch so hochstehenden Skalden wie Wirsén und Levertin zerstört haben und sie stattdessen lehren wollen, die jetzigen Strindbergartikel zu lesen, die nicht auf dem hohen künstlerischen Stand wie Strindbergs Dramen und Novellen stehen. Strindberg ist ein großer Verfasser, aber deshalb brauchen wir nicht solche Hornochsen zu sein, dass wir vor ihm auf die Knie fallen, wie es die Sozialdemokraten tun." („Strindbergfehde", S. 456)

Hier zeigt sich die ganze Armut des Jungsozialismus. Gegen Strindberg stellt Hinke Bergegren Atterbom, Wirsen und Levertin! Die Strindbergfehde zerschlug ideologisch die jungsozialistische Ultralinke innerhalb der Literatur. Damit legte diese breite Diskussion auch die Grundlage für die neue proletarische Literatur, die in den zwanziger und dreißiger Jahren heranwuchs. Die Strindbergfehde half der lesenden Arbeiterjugend, den Schritt von Ossiannilssons und Hinke Bergegrens Verbalrevolution zu einem volkstümlichen Realismus zu machen. Diese ganze Frage ist immer noch nicht behandelt worden. Ebensowenig wie die große Frage, wie sich die Strindbergfehde und die Höglundfehde zueinander verhalten.

Jedoch lässt sich diese Beschreibung durchaus noch mit Brantings Worten bei Strindbergs Tod in Übereinstimmung bringen. Es ist keine ganz gängige Beschreibung und doch würde man sie einigermaßen in Einklang mit Brantings Worten bringen können, indem man meint, dass sie beschreibt, wie Strindberg, als er diese Fehde gerade nach einer Niederlage einleitete, wobei er auf den Radikalismus seiner Jugend zurückgriff, als Katalysator fungieren konnte. Das Muster sähe dann so aus: der Mann der 80-er Jahre, Mystiker und wieder der Mann der 30-er Jahre.

Aber das ist falsch. Wenn es so gewesen wäre, dann hätte Strindberg höchstens als seltsam optimistischer alter Mann fungieren können. Eine Ermunterung in der Niederlage. Aber so fungierte er nicht. Seine Worte taten ihre Wirkung und aie wirken immer noch. Also war es nicht zuerst A und dann B und dann wieder A.

„Um zu verstehen, was wirklich geschah, müssen wir also zu Brantings Empörung im Jahr 1907 zurückgehen. Branting war empört. Viele waren empört. Aber sie waren kaum deswegen empört, weil Strindberg religiös geworden war. Das Phänomen ist nicht so ungewöhnlich. Es gab genug organisierte Sozialdemokraten, die auch bibelgläubig waren. Was sie zutiefst empörte, das waren Strindbergs Schilderungen vom Verfall des Liberalismus.

Die Personenfragen spielten eine gewisse Rolle. Bereits zur Zeit von ‚Heiraten II' hatte Branting Strindbergs Gegnern Munition geliefert, indem er schrieb, dass Strindbergs Novelle ‚Der Familienversorger' ein Angriff („Mit Schmutz bewerfen") auf Siri von Essen wäre. Das war ein Branting'scher Hinweis, den Lektor Personne weidlich ausnutzte. Hjalmar Branting, der aus einer feinen Familie stammte, hatte es immer schwer mit Strindbergs Schreibweise gehabt. Er war sicherlich auf richtig empört zu sehen, wie Leute wie Ellen

Key und Gustaf af Geijerstam als Rohmaterial für Romane verwendet wurden. Aber das kann nicht der Hauptgrund für seine Empörung gewesen sein. Bengt Lidforss war ein Meister in persönlichen Angriffen und im Schmutzwerfen – ein geschickter Polemiker mit anderen Worten – aber über ihn schrieb Hjalmar Branting nur, dass er mit dem Recht des Genies eine stolze Verachtung für jede leere Konvention hatte. Es war nicht nur so, dass mit verschiedenem Maß gemessen wurde. Da war etwas anderes, was Branting empörte.

Am 2, Januar 1899 wurde in den Gotischen Zimmern im Berns‘ in Stockholm ein Fest gegeben. Das Fest wurde zu Ehren von August Strindberg gegeben, der fünfzig Jahre alt wurde. Nur der Anlass des Festes war nicht anwesend. Von diesem Fest schickten einige der Teilnehmer ein gemeinsames Telegramm:

„Alte Freunde ans den Anfängen der achtziger Jahre, für deren Leben und Weltanschauung du einen unauslöschlichen Einsatz geleistet hast, leeren an deinem 50. Geburtstag ein Glas auf dein Wohlergehen. Im Roten Zimmer:

Richard Berg, David Bergström, Hjalmar Branting, Daniel Falleström, Theodor Frölanders Gustaf av Geijerstam, Pehr Staaff, Curt Wallis, Knut Wicksell, Hjalmar Öhrwall.“

Strindberg telegraphierte seine Antwort am selben Tag:

„Bringe meine Grüße an die Männer der 80-er Jahre dar, von denen ich einer war. Wenn verschiedenes von dem, was wir planten, schief geraten ist, so kann es gerade gebogen werden; und wenn wir in etlichem geirrt haben, so kann es gerade gebogen werde. Denn das Leben ist lang. Das merkt jetzt erst der Fünfzigjährige. August Strindberg.“

Hjalmar Branting schrieb auch ein eigenes Telegramm:

„Gruß und Händedruck mit dem Wunsch, dass die Entwick lungsspirale sich bald wieder in Richtung der 80-er Jahre dreht, von einem, der sich in deinen ‚Utopien' versteckt hält."

(„Briefe" XIII, S. 73-74)

Fünf Jahre danach war Strindberg mit einer Zusammenfassung dessen fertig, was seit den 80-er Jahren schief gelaufen war.

Der Roman, den er damals herausgab, wurde folgendermaßen eingeleitet:

„Erstes Kapitel

Die gotischen Zimmer.

Das elektrische Licht brannte in den gotischen Zimmern, und Kellner deckten einen Tisch.

Zwei Herren im Frack traten ein und musterten mit einem Blick die Anordnungen, die sie, wie man sah, unter ihrer Aufsicht hatten." (Die gotischen Zimmer, II, Bd, 11, S. 1, Berlin-Leipzig 1905, Übers. Emil Schering)

Das war eine offene Herausforderung der Generation von 1880; aber es war noch mehr, denn „Die gotischen Zimmer" vom Jahr 1904 und 'Die schwarzen Fahnen1 von 1906 sind die große Abrechnung der schwedischen Literatur mit den liberalen Ideen. Strindberg macht den 80-er Jahren und dem Liberalismus die Rechnung auf.

„Heute ging es noch etwas langsamer, denn zum ersten Male im Leben der Zeitung empfing der Redakteur offene Postkarten mit Lob und Danksagungen von Männern der Rechten, Familienvätern und Erhaltern des Staates, weil er in der gestrigen Nummer gegen den Sozialismus zu den Waffen gegriffen hatte.

Gustav Borg war nämlich um Mitte des Jahrhunderts geboren, und er hatte bis 1890 von den liberalen Idealen der 40-er Jahre gelebt; das waren: konstitutionelle Monarchie (oder Republik am liebsten), Religionsfreiheit, allgemeines Stimmrecht, Frauenemanzipation, Volksschulen, Russenhass und dergleichen. Er hatte die Repräsentationsveränderung 1866 mitgemacht und geglaubt, das tausendjährige Reich sei gekommen. Aber es kam nicht. Was man geglaubt hatte, ausrechnen zu können, erwies sich als falsch berechnet...

Abgesetzt, als Ausgedienter auf den Kehrichthaufen geworfen, er, der die große materielle Neuschöpfung nach 1850 mitgemacht hatte, er erinnerte sich, der ersten Eisenbahnstrecke 1852; erinnerte sich der Eröffnung des Telegraphen 1853; der ersten Gaslaterne 1854; der ersten Briefmarke 1855; und er hatte in den 30-er Jahren das Telephon und das elektrische Licht erlebt. Von den politischen Idealen seiner Jugend aber waren wie gewöhnlich nur einige verwirklicht, die meisten waren zunichte geworden und verschwunden, wie taube Saat in den Graben gefallen; einige waren auf andere Weise, als er es sich geträumt, verwirklicht worden, und hatten gerade die umgekehrten Folgen gehabt, als man berechnet hatte. Während der Zeit war etwas Neues gekommen, das er nicht verstand und das er fürchtete. So verstand er nicht die große Arbeiterbewegung, denn er hatte nicht gemerkt, dass das Land ganz allmählich aus einem Ackerbauland ein Industrieland geworden war; er nannte die Führer der Arbeiter Agitatoren und 31 Anarchisten, obwohl sie gerade für Gesetzgebung und Ordnung in den noch ungeordneten Massen arbeiteten. Er verstand nicht das Streben der Jugend nach Freiheit und Verantwortung, Selbsttätigkeit und Selbstbestimmung, und darum fiel er. Das war ja tragisch, denn es war unabänderlich, dass die Zeit dem Wachstum des Menschengeistes eine Grenze setzte; und er fiel nicht aus eigener Schuld, sondern durch die Gesetze des Lebens."

Eigentlich sind es ‚Die gotischen Zimmer', mit denen die Strindbergfehde eingeleitet wird. Die Frontstellungen sind von Anfang an deutlich:

„Die gotischen Zimmer' taten der Popularität schweren Abbruch, die Strindberg sich trotz allen Widerstrebens in den letzten Jahren erkämpft hatte. Gewiss fand im Social-Demokraten Fredrik Ström (der später dann ein führender Stormklockan-Mann wurde. J.M.), dass er trotz aller seiner Mängel von einer unbestreitbaren Genialität und streckenweise auf gleicher Höhe wie ‚Das rote Zimmer' steht. In Dagens Nyheter, wo Edvard Alkman von Georg Nordensvan abgelöst worden ist, fand dieser seinen Eindruck sehr gemischt: einerseits verriet er einen Feuergeist und andererseits Lust zur Nörgelei und schlechte Verdauung. Sven Söderman in Stockholms Dagblad fand ihn eine schwere Enttäuschung und hielt jeden Versuch für unmöglich, Strindbergs Verwirrungen und unanständige Schreibweise mit einem zufällig abnormen Krankheitszustand zu erklären. Das Aftonbladet, das ja direkt betroffen war, fand natürlich, dass dem Buch und seinem Verfasser jeder Sinn für die Realität fehle. Schließlich schrieb Levertin im Svenska. Dagbladet einen Artikel in mehreren Teilen, in dem das Werk als tragischer Widerspruch zum Roten Zimmer charakterisiert wird, und in dem der Verfasser zum Schluss als „ein großartig begabter, genialer und noch in seinen Verwirrungen interessanter Mann (bezeichnet wird), dessen geistiger Charakter aber nicht den Erwartungen entspricht."(Erik Hedén „Strindberg")

Es war die Parteilinke, die für Strindberg, für 'Die gotischen Zimmer' und ‚Die schwarzen Fahnen' eintrat. Und sie tat es, weil sie Stellung gegen Brantings Marsch nach rechts bezog. Man kann es so ausdrücken, dass Fredrik Ström und Z. Höglund in der Parteidebatte für Bebel Partei ergriffen und in der Literatur für Strindberg und dass Branting in der Parteidebatte für Bernstein und in der Literatur gegen „diese Strindberg'schen Hundstage" Partei ergriff. Als Z. Höglund in der Stormklockan am 30.7.10 Strindbergs ‚Schwarze Fahnen' zitierte, tut er es nicht nur gegen die Liberalen von Dagens Nyheter, sondern auch gegen Branting.

„Liberale Zeitungen wie die Handels-Tidningen und Dagens Nyheter mischen sich jetzt auch in das Spiel, über Strindberg schimpfend und erzürnt, dass die sozialdemokratische Presse ihm ihre Spalten öffnet. Oh, diese Liberalen! Verdienen sie nicht zu Recht Dr. Borgs Urteil in den ‚Schwarzen Fahnen': „Ihr liberalen Royalisten, ihr liberalen Bürokraten, ihr liberalen Reaktionäre, ihr liberalen Chauvinisten! Liberale Fälscher seid ihr; deshalb gehe ich zu den Sozialisten; das sind die Männer der Zukunft, während ihr der Vergangenheit angehört, dem ausscheidenden Dreck! Ihr werdet bis an die Wurzel vermodern müssen, denn ihr vertragt das Anpacken nicht, und die Axt ist zu gut für euch; einen Strick hättet ihr verdient; ihr habt die öffentliche Meinung gefälscht, die Brunnen vergiftet und eine Generation in Lug und Trug aufgezogen. Ihr nennt mich konservativ, weil ich kein Sodomit bin, weil ich Republikaner bin, weil ich Weltbürger bin, weil ich die Gerechtigkeit liebe und Parteilichkeit, Gewalt, Schelmenstreiche verfolge. Betrachtet mich von heute an als euren erklärten Feind; ich werde euch wie Diebe und Mörder behandeln.“ (Hier zitiert. nach ‚Schwarze Fahnen‘ Berlin 1919, übers. von Else v. Holländer).

Nehmt also vorlieb, G.H.I. und D.N! Einen Strick hättet ihr verdient! Da habt ihr euer Urteil von den Leuten der Zukunft!

Aber Strindberg rechnet nicht nur mit den Liberalen, sondern auch mit seinem eigenen Radikalimus der 80-er Jahre ab. Er tat es auf seine Weise, die Branting nicht akzeptieren konnte. Selbst Branting verriet seine Jugendideale. Das ist an und für sich keine Kritik. Wer eine Ansicht zu lange beibehält, hat sie angegeben. Strindberg – der ja ein guter Dialektiker war – hat mehrmals darauf hingewiesen:

„Wir Alten sind den Idealen unserer Jugend treu geblieben. Das ist dumm von euch, denn die Ideale unserer Jugend sind euch von der damals herrschenden Reaktion diktiert worden.

Unser Ruhm ist es, dass wir den reaktionären Idealen unserer Jugend untreu geworden sind.“ (August Strindbergs ‚Kleiner Katechismus für die unteren Klassen‘, 1884/85)

Oder – eine noch, deutlichere Begründung dafür, warum Ideen sich ständig verändern müssen;

„Sänger! Wir jammern stets über verratene Ideale?
Jede Zeit hat ihre Ideen über Dinge und Sachen; und wir
haben unsere Ideen von der Wirklichkeit! Bleibt Ihr
treu euren Ideen; wir verraten die unsren nicht!“
(Gedichte 1883)

Ein bedeutender Teil von Strindbergs Arbeit handelt ja von der Notwendigkeit der Abtrünnigkeit und den Problemen der Abtrünnigkeit. dass sowohl Strindberg als auch Branting von den Ideen ihrer Jugend abgefallen sind, ist nicht merkwürdig, war an und für sich auch kein Grund für irgendeinen Konflikt. Aber Branting und Strindberg fielen in verschiedene Richtung ab. Deshalb wurde es für Branting zu einer zwingenden politischen Notwendigkeit, bei Strindbergs Tod die Ereignisse so darzustellen, als ob Strindberg zuerst radikal gewesen wäre, dann reaktionär und zum Schluss erneut radikal. Ebenso notwendig war es für die Linke in der Partei, die große realistische Kritik an den Liberalen in den ‚Gotischen Zimmern' und den ‚Schwarzen Fahnen' hervorzuheben.

Der radikale Strindberg der 80-er Jahre ist der Strindberg, dessen Radikalismus akzeptiert wurde. Die Mehrheit der liberalen Kritiker, die ihn 1910 angriffen, taten es unter allgemeinen Huldigungen für seine 80-er Jahre. Heute noch wird sein Radikalismus der 80-er Jahre als begreiflich betrachtet, während die ‚Schwarzen Fahnen' und ‚Die Reden an die schwedische Nation' als etwas seltsame Schriften angesehen werden.

Eigentlich ist das nicht so merkwürdig. Denn die 80-er Jahre gingen in die 9o-er Jahre über. Das geschah mit unvermeidlicher Gesetzmäßigkeit. Die soziale Basis für den Radikalismus der 80-er Jahre trug ganz einfach nicht. In den ‚Gotischen Zimmern' beschreibt Strindberg, warum der Liberale zum Reaktionär wird. Ähnlich wie viele andere seiner Zeitgenossen ging Strindberg einen Weg, der zeitweise in die Mystik führte. Früher habe ich das viel zu einfach gesehen. Ich habe tatsächlich die Inferno-Periode als etwas betrachtet, was man Abtrünnigkeit nennen könnte.

Das war allerdings etwas unehrlich von mir. Denn selbst hatte ich „Inferno", die 'Legende' und ‚Jakob Brottas' immer gerade wegen ihres genauen Alltagsrealismus geschätzt.

So erleben wir doch die Welt; nicht immer und nicht immer gleich stark – doch nicht allzu selten. Auch das ‚Inferno' war notwendig.

Denn wenn es einem glückt zu beweisen, dass es gute soziale Gründe dafür gagrubeb, dass die 80-er Jahre in Schweden in die 9o-er Jahre übergingen, dann kann man auch nicht die Strindberg'schen 90-er Jahre beiseitelassen.

Es ist wichtig zu sehen, was sie brachten. Sie brachten ihm viel. Eine ganz kurze Strecke schien er Gefolgsmann von Heidenstam oder Nietzsche zu werden. Dann ging er wieder seinen eigenen Weg.

Branting und andere versuchten es damit zu erklären, dass Strindberg bei der Mystik gelandet und uninteressant geworden war. Aber es ereignet sich etwas Merkwürdiges: während die liberale und radikale Presse über das Kammerspiel im Intimen Theater erschaudert (und Anna Branting schrieb! „Traurig und seltsam ist dieser ganze Intim-Theater-Kult. Es ist ein Degenerationszeichen, das mit religiösen Grübeleien gleichzustelIen ist. Wer weiß? Vielleicht begibt sich bald auch der Hof dorthin, wie er vor 35 Jahren zur Beskow-Kirche zog, vielleicht fangen bald auch die Gardeoffiziere an, Traumspiele aufzuführen in intimer Verwirrung über die wunderbaren Hyazinthen und das Suppengrün des Lebens.„) da gewinnt Strindberg sein großes Publikum gerade unter der Arbeiterjugend. Und zu Strindbergs 60. Geburtstag, als Branting in den Zeitungen Abstand nimmt, versammeln sich sowohl die sozialdemokratischen Jugendklubs als auch die Jungsozialisten (ihres Linksradikalismus noch nicht bewusst) in Stockholm zum Strindbergfest im Folkets Hus (Haus des Volkes. D. Ü.). Nach Beendigung des Festes versammeln sie sich alle vor seinem Haus, um ihm zu huldigen. Diese Huldignng findet ein Jahr vor dem Beginn der Strindbergfehde statt.

Hier verbirgt sich ein wichtiger Widerspruch. Es gibt die Möglichkeit, das ‚Traumspiel' so zu spielen, wie Anna Branting meinte. Das hat man gemacht. Aber dann muss man es kastrieren. Die Kohlenträgerszene zum Beispiel herausnehmen.

Seine Arbeit verstümmeln. Dieser Entwicklungsweg ist angelegt,

Aber er ist nicht der einzige. Denn Strindbergs Mystizismus ist nicht eindeutig.

Branting glitt zum Revisionismus hinüber. Aber das war nicht sonderbar; sein Marxismus war mechanisch gewesen. Er hatte – wie er in seinem Telegramm 1899 schrieb – sich im Roten Zimmer versteckt gehalten. Er war ein verkappter Liberaler. Als er dann vor die neuen Probleme gestellt wurde,die der Vormarsch der Arbeiterbewegung im neuen Jahrhundert mit sich brachte, da konnte er nicht anders, als auf dem Bernstein'schen Weg ausrutschen, der ihn zum Volksverband und zu Festreden führen sollte.

Schicksalsbestimmt war diese Entwicklung nicht. Andere Liberale – Franz Mehring in Deutschland zum Beispiel gingen in die linke Richtung, wurden Sozialisten, eroberten sich eine marxistische Einsicht in den Parteistreitereien. Aber Branting konnte sich nicht vom Roten Zimmer losreißen, obwohl das seit langem verschwunden war.

Strindbergs 80-er Jahre waren auch mechanisch gewesen. Sie waren ihm zu steril geworden („ ...ich kann in eurem physischen Vakuum nicht atmen", schrieb er an Branting nach dessen Teilnahme am Freundesfest in den Gotischen Zimmern.) Sein Weg konnte nicht der von Gustav Borg oder Hjalmar Branting oder Gustaf af Geijerstam werden; für ihn waren die 80-er Jahre etwas, was es zu überwinden galt.

Aber er konnte auch nicht den Weg von Heidenstam gehen.

Strindbergs Inferno-Wanderung führt ihn weit über die Leute der 90-e Jahre hinaus. (Um gar nicht erst zu sprechen von dem Wirsén, den Hinke Bergegren 1910 gegen ihn ins Felde führte!) Strindbergs Krise trug starke Züge volkstümlicher Lesegewohnheiten. Generationen schwedischer Häusler sprechen durch Strindberg, wenn er im ‚Jakob Brottas" über seinen Verdacht spricht, Job zu sein:

„Das trifft genau auf mich zu: Risse in der Haut, Träume und Visionen, alles stimmt. Aber dazu kommt noch, ein Überschuss zu meinen Lasten; ich habe die äußersten Qualen durchgestanden, als Umstände, die von höheren Mächten gelenkt wurden, mich in die Enge trieben und mich zwangen, eines Mannes selbstverständlichste Pflichten zu vernachlässigen; seine Kinder zu versorgen. Job entzieht sich dem Spiel mit unangetasteter Ehre, aber mir ging alles verloren, sogar die Ehre, und dennoch widerstand ich der Versuchung, Selbstmord zu begehen, ich hatte den Mut, entehrt zu leben.

Alles in allem bin ich dennoch nicht so verwerflich, und wenn ich der Gnade nicht würdig bin, werde ich ganz auf die Barmherzigkeit vertrauen."

Wer hat nicht so einen Kauz in der Verwandtschaft gehabt? Wenn man Strindberg als das nimmt, was er ist, ein typischer (nicht durchschnittlicher) schwedischer Kleinbürger des neunzehnten Jahrhunderts (man denke an Engels' Worte über den Unterschied zwischen der deutschen und norwegischen Klein-Bourgeoisie!), dann kommt Strindbergs Inferno-Wanderung nicht unerwartet. Doch indem er seinem Ringen mit Jakob nicht ausweicht, konnte er später die wichtigen gesellschaftlichen Fragen auf eine richtigere Weise als Hjalmar Branting stellen – trotz dessen vorübergehender Marxologie. Branting saß fest in der Beamtentradition und zwischen den Liberalen im Roten Zimmer. Strindberg eroberte die Dialektik zurück.

1884 beschreibt er den Überbau auf blendende Weise:

„Welcher Mittel bedient sich die Oberschicht, um die niederen Stände nicht emporkommen zu lassen?

Der Lüge, des Betruges, des Aberglaubens, der stehenden Heere und der Gefängnisse.

Die Lügen nennt man ewige Wahrheiten, den Betrug „für das Wohl des Volkes", den Aberglauben „Gotteswort", die stehenden Heere „zur Verteidigung des Vaterlandes", die Gefängnisse „Besserungsanstalten".

Die Regierung hält die unteren Stände an der Kandare. Trotzdem sagen die unteren Stände: Man muss doch eine Regierung haben. Und wenn man eine Regierung hat, muss man ihr doch gehorchen!

Warum muss man ihr gehorchen?

Welches sind die fünf Hauptlügen der Oberschicht?

Religion, Politik, Gesetzgebung, Wissenschaft, Kunst und Moral.

Alle diese Dinge haben sich aus mehr oder weniger künstlichen Bedürfnissen entwickelt, aber im großen und ganzen unter dem Einfluss der Oberschicht und zu dem Zweck, deren Macht zu fördern und zu bekräftigen."

Das ist nach wie vor mechanisch; die herrschende Klasse herrscht mit künstlichen Mitteln. Mit dieser Antwort vermochte er nicht – trotz allem – die tatsächlichen Probleme zu überwinden, die die neunziger Jahre stellten. Er musste entweder „den Radikalismus dämpfen“ und „vernünftig werden“ oder einen neuen Weg suchen. Ein Weg führte durch das Inferno und zur Religion. Aber aus diesen Erfahrungen vermochte er neue Schlussfolgerungen zu ziehen. Fünfundzwanzig Jahre nachdem er die Sätze über die Hauptlügen der Oberschicht formuliert hatte, greift er diese Frage wieder auf. Jetzt hat sich die Perspektive verschoben und die Antworten sind derart, dass sie tatsächlich die Fragen in den Griff bekommen, vor die wir jetzt 1970 gestellt werden:

„WENN DIE NIEDEREN STÄNDE WÜSSTEN . . .

Wenn die niederen Stände (oder der Mittelstand) wüssten, was die Gesellschaft ist und was die Oberschicht ist:

Die niederen Stände ahnen es zuweilen, wenn sie aus ihrem Schlummer geweckt werden, aber dann vergucken sie sich wieder in den wirtschaftlichen Vorteil und vergessen, dass es auch noch andere Druckmittel von oben her gibt, welche die niederen Schichten in unsichtbare Ketten schlagen.

Das Volk (wir wissen schon, was das Wort bedeutet) darf Gesetze entgegennehmen, die von oben her für oder besser gesagt gegen das Volk erlassen worden sind, das weiß das Volk. Aber alles, was das Volk denkt, die Denkgesetze selber sind dort oben festgelegt worden. Sämtliche Lehrbücher werden zuerst von der Regierung genehmigt, bevor sie verwendet werden dürfen.

Und die Lehrbücher sind sehr lehrreich anzuschauen. Einfache Dinge werden schwer verständlich gemacht, als wolle das Komitee mit einem unbewussten Instinkt den Mandarin-Grad möglichst unzugänglich gestalten.

Und die ganze Gelehrsamkeit folgt einem einzigen Gesichtspunkt. Alles für die Oberen Unbehagliche wird vorenthalten oder verschwiegen, und wehe dem, der den Schleier lüftet.

Etliche Wissenschaften sind reines Monopol. Sie kennen wir.

Wenn die niederen Stände wüssten, was die Oberschicht ist! Selber wird sie durch Interessen geeinigt, die sie als heilig bezeichnet; ohne äußere Organisation scheinen ihre Mitglieder wie die Blinden einander am Geruch zu erkennen; sie gleichen einem Freimaurer Orden mit Graden, geheimen Zeichen, Fonds, Schenkungen. Sie schaffen gewisse Gesetze, über die sie sich hinwegsetzen, sie besitzen geheime Ausnahmegesetze, die sie zu ihrem Vorteil anwenden.

Sie verfügen über Staatsgelder, die sie sich unter anderen Titeln bewilligen lassen als jenen, die den Verwendungszweck verraten würden.

Sie beherrschen das gesamte Geistesleben, die Religion mit inbegriffen, die sie zu ihrem Vorteil wenden.

Sie beschützen Wissenschaft, Kunst, Literatur, ja, sogar Musik und Sport (Spiele); sie teilen Belohnungen und Tadel aus, nur unter einem Gesichtspunkt: Ob du bereit bist, dich in den Staub zu werfen und mich, uns, die Unseren anzubeten.

Tust du es nicht, dann ist dein Werk nichts wert, mag es noch so gut sein.

Unter solchem Schutz, der doch vor berechtigter Kritik schützt, kann nichts wachsen oder gedeihen, denn dazu ist eine gewisse Freiheit erforderlich.

Die Geschichtsschreibung wird zur speichelleckerischen

Lobrede, das Drama zum Hoftheaterstück, die Lyrik zum Geburtstagsvers, oder die Dichter beginnen aus Furcht vor einem gefährlichen Inhalt über Bagatellen zu schreiben, von etwas anderem, am liebsten von gar nichts zu reden, und als Mitglieder der Akademie werden sie zu einer Art von Hofschranzen der Literatur, aber mit Rang und Autorität.

(Beide Absätze hier zitiert nach „Ein Lesebuch für die niederen Stände" von August Strindberg, hgg. von Jan Myrdal, München 1970, S. 85 und S. 169/170)

Und diese Einsicht ist es, die die späte Gesellschaftskritik Strindbergs vermittelt. Seine Abtrünnigkeit wird somit ein notwendiges Glied in seinem Bestreben, die Fragen richtig zu formulieren. Und wegen dieser Einsichten spricht er noch heute, hier und jetzt, zu uns. Er konnte die verzahnte Funktion des Überbaus formulieren. Und damit auch zeigen, wie wir den Kampf aufnehmen können. Und durch diese Einsicht konnte Strindberg – der Mystiker, nicht der Marxist – in einer bestimmten Lage den offiziellen Hjalmar Branting weit überholen.

Aber dass Strindberg selbst durch das Inferno zu gehen vermochte bis hin zu dieser Einsicht, ist auch kein Zufall. Als Heidenstarn über Strindberg schrieb: „Strindberg mit seinem eisgrauen und misstrauischem Blick von unten ist ein verlaufener Knecht", da formulierte er dieselbe Wahrheit, der Strindberg Ausdruck verlieh, als er von sich selbst als ‚Sohn einer Magd' sprach. Was ihn auf den richtigen Weg leitete, das war sein tiefer Klassenhass. Er war kein Proletarier. Es hatte kein proletarisches Klassenbewusstsein. Aber es war ein tiefer und echter Häuslerhass, gegen die Herren gerichtet, gegen die herrschende Klasse (Verband der Ackaparörer [Großgrundbesitzer. D. Ü.]); dieser Hass leitete ihn richtig und durch diesen Hass hatte er seine tiefen Verbindungen mit dem arbeitenden Volk. Deshalb konnte es ihm seine vielen Abwege verzeihen; denn in der Hauptsache war er auf dem richtigen Weg. So gelangte er zu seinen Einsichten.

An Z. Höglnnd schrieb er zu Beginn der Strindbergfehde:

„ Wenn Sie den Atheismus ... als Aushängeschild benutzen wollen, dann will ich nicht in Ihrer Zeitung schreiben!

Aber wenn Sie in der Zeitung und im Social-Demokraten alle Artikel zur Gänze abdrucken wollen, so glaube ich, haben Sie das Recht dazu, weil ich sie nicht verkauft, sondern gratis geschrieben habe.

Nur noch ein Wort vorneweg!

Nehmen Sie sich in Acht vor liberalen Junkern, die mit den Bonzen zusammenglucken, die mit der einen Hand das allge43 meine Stimmrecht anbieten und mit der anderen Hand eine Milliarde für die Armee heischen, die nicht zwischen rechts und links unterscheiden, die bereit sind, alles Unrecht, alles Hässliche, alles Abnorme zu verteidigen; die nach links zeigen, aber sich nach rechts retten ..."

Ihr Strindberg

20.Juli 1910

P.S. Ich habe nicht mit Börjesson gebrochen!

Glaubt nicht den Fabeln der Rechtspresse über meine Person! Denn ‚Nun geht es los'.

Grüße Fabian Mansson und danke für seine vortreffliche Broschüre, die ich zitieren werde ...

(Z. Höglund „Härliga tider", S.249)

Damit ging die Strindbergfehde ernsthaft los! Und er wusste zwischen rechts und links zu unterscheiden.

Strindbergs Werk: Beispiele
Das Rote Zimmer

„Wäre es ihm gelungen, sich die Universitätskultur anzueignen, dann wäre seine Entwicklung eine ganz andere gewesen.“

Fredrik Böök über August Strindberg 1929

Entstehungsgeschichte

August Strindberg war ein Jahr lang verheiratet und wollte gerade seinen Geburtstag feiern, als er seinen Konkurs anmelden musste.

Das war mitten in der großen Wirtschaftskrise. Er hatte 9252 Kronen und 40 Öre Schulden und 5591 Kronen Einkünfte. Das war am neunten Januar 1879.

Am fünfzehnten Februar – „während der Gnadenfrist von scheinbarer Ruhe, die am 3. April (Konkurstermin) ausläuft“- beginnt er seinen lang geplanten Roman ‚Das rote Zimmer‘ zu schreiben.

Am neunundzwanzigsten März versucht er den begonnenen Roman als Feuilleton an Dagens Nyheter zu verkaufen.

Am fünften April gibt er zu, dass der Roman ‚misslungen‘ ist, versucht aber Dagens Nyheter zu überzeugen, auf jeden Fall einige Teile daraus abzudrucken. Er braucht Geld.

Am fünfzehnten August ist der Roman beendet. Am achtzehnten August wird in ‚Nerikes Allehanda‘ gemunkelt, dass ein neues Buch „bekannte Persönlichkeiten unter Stockholms Geschäftsleuten und Literaten photographisch schildern wird..." Am siebten September kommt eine Notiz über das Buch in ‚Nya Dagligt Allehanda', am achten September in Dagens Nyheter. Am vierundzwanzigsten September hat Strindberg Korrektur des 19. Bogens seines Romans, genannt ‚Das rote Zimmer' gelesen (schlampig wie immer). Am ersten November hat er endlich den Abschluss für den Roman in den Griff bekommen.

Am vierzehnten November liegt der Roman im Buchhandel vor. Er wird sofort ein Verkaufsschlager. Die zweite Auflage kommt noch im selben Jahr. Die dritte und vierte Auflage wird im folgenden Jahr gedruckt. Und seither ist ‚Das rote Zimmer' einer unserer meist gelesensten und gechätzten Romane. Warum?

Ist es das Verdienst des Stils?

Gewiss ist das Buch rasch geschrieben worden. Schön zu lesen. Direkt und scharf. Selbst wenn Strindberg hier wie so oft nachlässig ist, manchmal Klichees verwendet, auf Druckfehler pfeift und vergisst zu verbessern – das alles ist völlig unwesentlich. Niemand wird ein guter Verfasser, wenn er ein richtiges und gutes Schulschwedisch schreibt. (Bei Balzacs Französisch stehen einem die Haare zu Berge.)

Gewiss ist ‚Das rote Zimmer' ein originelles und selbständiges Buch. Aber natürlich merkt man den Einfluss von August Blanche und Fredrik Cederborgh. Sicherlich ist die Einleitung Victor Hugo, und das Kollegium für die Auszahlung der Beamtenlöhne ist der reine Dickens undsoweiter undsoweiter. Darüber kann man Literaturgeschichte schreiben. Aber die Sache ist doch ganz klar. Der Verfasser, der seine Originalität nicht auf der Tradition aufbaut, der nicht in der Tradition steht – der kann die Tradition auch nicht zerbrechen. Strindberg baute auf der Tradition auf; er war ein Neuerer. (Eine Originalität außerhalb der Tradition ist und bleibt eine Originalität auf dem Niveau des Gefasels.)

Beispiel Aftonbladet

Strindberg gewann Leser; aber nicht die tonangebende Kritik. Und das war sein Glück. Er schilderte nämlich das existierende Schweden. Man schaue sich an, wie er das Aftonbladet schildert. Der radikale Demokrat S. A. Hedin war 1876 aus der Redaktion entlassen worden. Dann bekam Gödeck den Auftrag, die Zeitung nach rechts zu drillen. In der Zeit von Spilhammer (von Mai 1879 an – als Strindberg gerade ‚Das rote Zimmer' schreibt) war Aftonbladet völlig aus einer radikalen demokratischen Zeitung in ein ausgeprägtes Organ der Rechten verwandelt worden. Folgendermaßen beschrieb Strindberg dieses Ereignis:

„Nun geschah es, dass die Zeitungsgesellschaft Grauhäubchen, die unter liberalen Konjunkturen geboren und aufgewachsen war, einzuschlafen anfing, als sie Ansichten (wenn man von den Ansichten einer Gesellschaft sprechen darf) verteidigen sollte, die nicht populär waren. Die Direktion stellte in der Generalversammlung den Antrag, gewisse Ansichten zu ändern, da diese nicht mehr die für die Fortdauer des Unternehmens erforderliche Abonnentenzahl einbrächten. Die Generalversammlung nahm den Antrag an, und das Grauhäubchen gehörte von jetzt an zu den Konservativen. Aber, es war ein Aber da, das die Gesellschaft jedoch nicht sehr genierte; man musste den Chefredakteur wechseln, um sich nicht zu blamieren; dass die unsichtbare Redaktion bleiben würde, hielt man für selbstverständlich. Der Chefredakteur, der ein Ehrenmann war, nahm seinen Abschied. Die Redaktion, die lange wegen ihrer roten Farbe geschmäht worden war, nahm das Anerbieten mit Freude an, da sie dadurch gratis das Bürgerrecht als „bessere Leute“ zu bekommen glaubte. Blieb die Sorge, einen neuen Chefedakteur zu beschaffen ...... Er musste unselbständig sein; ein klein wenig dumm, weil die Gesellschaft wusste, dass wahre Dummheit immer konservative Denkungsart im Gefolge hat; daneben aber auch einen gewissen Grad Hinterlist, damit er die Wünsche der Vorgesetzten in der Luft fühle und nie vergesse, dass allgemeines Wohl privates ist, rechtlich verstanden nämlich; gleichzeitig musste er etwas älter sein, weil er dann leichter zu lenken war, und verheiratet, weil die Gesellschaft, die aus Geschäftsleuten bestand, gesehen hatte, dass verheiratete Knechte sich besser benehmen als unverheiratete.

Die Persönlichkeit wurde gefunden, und sie besaß in hohem Grad all die genannten Eigenschaften.”

(Hier zitiert nach August Strindbergs ‚Das rote Zimmer‘, 11. Bd.1 Berlin/Leipzig 1905, Übers. Emil Schering)

Das ‚Aftonbladet‘ antwortete darauf (am 19.11.1879) mit der Bemerkung, dass alles, was Strindberg anfasste, schmutzig würde. Das Blatt räumte der Antwort ausgiebig Platz ein und Professor Cederschiöld schrieb einen Artikel über „die widerliche Arbeit dieses Strindberg” und ermahnte den Besitzer von ‚Berns‘ (renommiertes, heute noch bestehendes Restaurant. D. Ü.) unmittelbar (mit dem Gedanken „an Berns zahlreiches Publikum“) die Gesellschaft aus den Salons bei Berns hinauszuwerfen und schloss mit folgenden Worten:

„Die lesende Öffentlichkeit wäre sicherlich dankbar, wenn

die Kritik derartige literarische Ausgeburten mit größerer Strenge beurteilte, bevor sie die schmale Grenze überschreiten könnte, die sie von einer gewissen Art übler Literatur trenne, die zu überwachen der Polizei obliegt."

Strindberg schrieb nämlich über Schweden, wie wir es kennen. Das Schweden, wie es sich gegen Ende des neunzehnten Jahrhunderts herausbildete. Das kapitalistische Schweden. Wer etwas über das Volksheim erfahren will, kann damit anfangen, 'Das rote Zimmer' zu lesen.

Denn die Literatur beschreibt nicht nur, sie greift vor. Und wer sich in der Frage der französischen Bauern und der „EWG einarbeiten möchte, sollte damit beginnen, Balzacs Bauernmacht zu lesen.

Bereits im ‚Roten Zimmer' – geschrieben bevor noch die Arbeiterbewegung sich formiert hatte – wurde bereits die Abrechnung mit dem Liberalismus begonnen, die dann in der schwedischen Literatur ihre bisher vollständigste Form in den ‚Schwarzen Fahnen' angenommen hat, die Strindberg fünfundzwanzig Jahre später schrieb, im Jahre 1904.

Das zurückgebliebene Schweden

Strindberg leitet ‚Das rote Zimmer' mit einer Schilderung Stockholms im Jahr 1869 ein. Aber er nennt es das Jahr III.

Da liegt einer der Schlüssel, sowohl zu Strindbergs eigener Aktualität als auch zur Bedeutung des ‚Roten Zimmers'. Denn in Schweden fiel das Jahr III nicht mit dem Jahr 1794 des gregorianischen Kalenders (das Jahr III nach der Republik) zusammen, sondern mit dem gregorianischen Jahr 1869 (das Jahr III mach der Verfassungsreform). Schweden war mit seiner politischen und ökonomischen Entwicklung spät dran, es waren

- wie Strindberg ja sagte – 75 Jahre Verspätung.

Aber weil der Kapitalismus spät kam, konnte in der Literatur auch die große bürgerliche kritische Tradition sich weiterentwickeln. Das Geheimnis der skandinavischen und russischen literarischen Blütezeit war gerade diese Verspätung.

Zola und Maupassant (um nur zwei große Beispiele zu nennen) versteinerten in einer bereits versteinerten Bourgeoisie. Ibsen, Strindberg, Tolstoi vermochten den kritischen Konflikt weiterzutreiben, denn über deren Gesellschaften brach der Kapitalismus spät herein. Als er sich bereits zu zersetzen begann.

Aber die Basis für eine progressive bürgerliche Kultur war eng. Im ‚Roten Zimmer' enthüllt Strindberg ihre Begrenztheit.

Der moderne Durchbruch in Skandinavien wurde deshalb frühzeitig abgebrochen. Aber gerade wegen der schwedischen Verspätung konnte Strindberg (mit all seinen Zweideutigkeiten und mitten in all seiner Unsicherheit) das frühe demokratische Erbe weitertragen und gegen Ende seines Lebens mit der falschen Linken abrechnen (Schwarze Fahnen) und zum Idol der Roten Jugend werden.

Das ist das Geheimnis von Strindbergs Aktualität. Er war niemals Sozialist im marxistischen Sinne. Aber sein „Unter-Klassen-Demokratismus", seine „Barbarei" – um mit seinen Gegnern zu sprechen – zielte vorwärts; dorthin, wo wir immer noch nicht angelangt sind. Seine frühe Kritik – im Roten Zimmer – ist .immer noch eine lebendige Kritik an leicht wiederzuerkennenden Gegenwartsphänomenen.

Ein paar Worte über das Individuum A. S.

In der Eingangsszene zum ‚Roten Zimmer' steht Falk auf der Moseshöhe:

„... und als er sich über die Barriere beugte und auf die Stadt unter seinen Füßen sah, war es als betrachte er seinen Feind; seine Nasenlöcher erweiterten sich, seine Augen flammten, und er erhob seine geballte Hand, als wollte er die arme Stadt herausfordern oder bedrohen." (Zitat a.o.o.)

Falk ist nicht Strindberg. Aber als Strindberg im März 1905 etwas zum Schiller-Jubiläum schreibt, beschreibt er, wie er als magerer, bartloser Jüngling von neunzehn Jahren Schauspieler werden wollte und Schillers Karl Moor repetiert:

„Von meinem erhöhten Platz aus sah ich hinunter auf die stolze Hauptstadt mit ihren Schlössern und Kirchen, Zinnen und Türmen, und ich ballte die Fäuste, wurde rasend über diese Gesellschaft, heulte darüber, dass die Menschen so einfältig sind, dass sie sich wie ein Pferd vor den Wagen spannen lassen, um ein Rad zu drehen..."

Das ist ein häufig wiederkehrendes Bild, sowohl bei Strindberg als auch bei anderen. Aber es ist mehr als ein Bild; wer ist nicht einmal neunzehn gewesen und hat in einer Sommernacht dagestanden und über eine Stadt geschaut (Paris oder Stockholm oder New York) und gebrüllt?

Was Strindberg von so vielen anderen unterscheidet, ist, dass er nicht nur einmal über die Stadt geblickt hat und über diese Gesellschaft rasend wurde, in der sich die Menschen vor die Wagen der anderen spannen; er tat es sein ganzes Leben lang.

Das Interessante an Strindberg ist nicht, wie es um seine Ehe stand (die war ja nicht um so viel merkwürdiger wie alle unsere Ehen), sondern dass er zwei Buchmeter schrieb.

Strindberg ist tot. Seine Freunde und Feinde sind tot. Seine Frauen sind tot. Wer mit wem schlief, ist ohne besondere Bedeutung; aber die zwei Buchmeter stehen dort. Die leben. Die sprechen. Die nehmen auch zu den Konflikten des Tages Stellung.

Der Sohn Einer Magd

August Strindberg war ein großer Verfasser, der größte, den wir in der schwedischen Sprache haben. Er war ein Genie.

Er schrieb „uns unsere Sprache".

Aber als er 1912 starb, haben unsere Theaterregisseure in unregelmäßigen Abständen den Einfall gehabt, irgend einem Schauspieler den Auftrag zu geben, sich als Strindberg herauszuputzen. Dann haben sie diese Figur auf die Bühne gebracht und ihm die Anweisung gegeben, zu schreien und zu stampfen und zu seufzen. Denn so, meinen sie, äußert sich ein Genie.

Vergesst diese peinlichen Auftritte! Geht stattdessen in eine Bibliothek. Dort steht es. Das Werk! Ein Band um den anderen. Gesammelte Werke. Nachgelassene Schriften. Jugend-Journalistik. Briefe. Zwei volle Meter und noch ein ganzes Stück in den dritten Meter hinein und die Herausgeberarbeit ist noch nicht abgeschlossen. So sieht das Genie aus.

Strindberg war Verfasser. Er war ein Intellektueller arbeitender Mensch. Er saß am Schreibtisch. Er schrieb. Genie hört sich nicht nach Theatergeschrei an, sondern wie das Kratzen der Feder auf dem Papier. Das muss gesagt werden, denn wenn man den komischen Theater-Strindberg die Rolle des Strindberg einnehmen lässt, dann wird das Werk unbegreiflich. Wäre es unbegreiflich, dann hätte es auch kein Genie gehabt.

Denkt an den Mann, der jeden Morgen am Schreibtisch saß und Wörter zu Sätzen fügte.

‚Der Sohn einer Magd' schrieb er in Frankreich im Frühjahr 1886. Es wird gewöhnlich eine Selbstbiographie genannt. Aber sorgfältig arbeitende schwedische Literaturforscher haben durch emsige Quellenstudien nachweisen können, dass ‚Der Sohn einer Magd' keine zuverlässige Quelle ist. Strindberg habe nicht die Wahrheit gesagt.

Das können sie belegen.

Andere Forscher waren nicht mit Strindbergs Art zufrieden, sein Seelenleben zu schildern. Die wissen es besser. Die haben die neuere einschlägige Literatur gelesen und können den Strindberg bei dem einen oder anderen ertappen. Ein Professor in Lund ist zu dem Ergebnis gekommen, dass es allen Grund zur Vermutung gibt, dass Strindbergs Penis klein war und er darüber hinaus eine enge Vorhaut hatte. Damit meint er, unsere Kenntnis über Strindbergs Werk vertieft zu haben.

Es kann wichtig sein, alle zugänglichen Dokumente mit Bezug auf Strindbergs Leben zu studieren. Solche Forschungen können manchmal vernünftig verwendet werden. Aber was die Seelenleben-Forscher und die Penisvorhautforscher angeht, so finde ich sie völlig gleichgültig. Und was den ‚Sohn einer Magd' angeht, bin ich der Meinung, dass Strindberg selbst am 25. April 1886 die beste Zusammenfassung gab, als er das Manuskript an Albert Bonnier schickte. An dem Tag schrieb er an seinen Verleger: „Wenn Sie jetzt diesen ersten Teil gelesen haben, werden Sie sich sicherlich fragen, wie auch das Publikum fragen wird:

Was ist das ? Ist das ein Roman? Nein. Eine Biographie?

Nein. Memoiren? Nein.

Ich antworte: Das ist genau das, als was es sich ausgibt: die Entwicklungsgeschichte einer Seele von 1849-67 unter den genannten Voraussetzungen. Dieses Buch verfolgt außerdem Psychologisches, was die Hauptsache ist (weshalb auch alle Schilderungen von Äußerlichkeiten im Hintergrund bleiben und die Handlung nur dazu da ist, um die Charaktere zu beleuchten).

Und noch ein paar andere Interessen: es ist die vollständige Biographie, so wenig verlogen wie möglich, eines bekannten und bedeutenden Schriftstellers, ferner die Geschichte der Innen-Politik Schwedens zwischen 1849–67. Deshalb kann das Buch für die Jugend nützlich sein, weil es die unmittelbar hinter uns liegende Periode erläutert, ohne die das Verständnis der Gegenwart unbegreiflich ist. Es sind weniger Angriffe als Untersuchungen und unwichtige Sachen, ob er sich etwa nach dem ersten Beischlaf wusch oder nicht, sind weggelassen, ebenso wie die vollständige Beschreibung der Möblierung des Puffs.

Es ist folglich in Form und Stil ein Versuch, mehr Ehrlichkeit einzuführen, eine einfache Anspruchslosigkeit in der Schreibweise, welche Folgen das auch immer haben mag."

Strindberg war ein arbeitender Intellektueller. Das bedeutet auch, dass er Vorgänger anerkannte und sich von geschriebenen Wörtern beeinflussen ließ. Für den „Sohn einer Magd' gibt es ein Vorbild. Darauf wies Strindberg in Briefen an Bonnier und Geijerstam selber hin, als er an dem Buch arbeitete. Es war die merkwürdige selbstbiographische Trilogie des französischen Empörers und Kommunarden Vallès.

"Jetzt setze ich mich hin, um mich selbst in einem großen

Roman mit vier, fünf Teilen auseinanderzunehmen; 'My novel! Typ: Jaques Vingtras von Jules Vallès. Eine ‚entwickelte' Form naturalistischen Romans, enthaltend das historische, psychische, soziale Milieu, sowie die Meinungen des Verfassers über die Dinge, was am wichtigsten von allem ist, denn er muss über seinem Stoff stehen und wie Gott (in der Geschichte) die Leser zu lehren verstehen, was sie lesen. Mal sehen!" (Brief an Gustaf af Geijerstam, etwa vom 13.3.86)

Aber wenn Strindberg ein Intellektueller war, so ist es zweifelhaft, ob die schwedischen Literaturwissenschaftler es sind. Bis jetzt haben sie jedenfalls noch nicht ein ordentliches Buch über das Verhältnis Strindberg zu Vallès geschrieben und eine Erklärung dafür gegeben, warum Strindbergs Selbstbiographie in der schwedischen Literatur eine anerkannte Rolle gespielt hat, während Vallès' Selbstbiographie wohl auch immer noch eine große Rolle spielt, aber nur im Verborgenen, in der nicht anerkannten Literatur in Frankreich. Das ist eine richtige Frage, was die Frage von Strindbergs Vorhaut bestimmt nicht ist.

Das neue Reich

Heute ist es klassisch. Jetzt betrachtet man es als literarisch. Jetzt können sogar Kinder in der Schule daraus lesen. Aber vor neunzig Jahren war ‚Das neue Reich' ein furchtbarer Skandal.

Eigentlich ist es immer noch skandalös amüsant zu lesen. Es ist keinesfalls fein. Die Frage ist, ob es überhaupt dadurch entschärft werden konnte, dass man es einfach klassisch nannte. Noch 1943 flüsterte mir ein Schulkamerad in Bromma zu, sein Vater hätte erzählt, dass Strindberg ein so furcht-bares Buch geschrieben hätte, dass es eigentlich verboten wäre, es zu lesen. Das interessierte mich. Ich dachte, ich würde alle Bücher von Strindberg kennen. Aber so ein Buch kannte ich nicht. Mein Schulkamerad – der aus Värmland war – wusste jedoch, dass sein Vater es tief unten in der Garderobe in einem Schuhkarton versteckt hatte. Am nächsten Tag brachte er das Buch in die Schule mit. Es war ‚Das neue Reich'; satirische Schilderungen aus dem Zeitalter des Attentates und der Jubelfeste in Looströms grauer Ausgabe. Zerfetzt und übel mitgenommen nachdem es sechzig Jahre lang von Åmål bis Filipstad von Hand zu Hand gegangen war.

Aber jetzt, dreißig Jahre später, ist es ein durchaus anständiges klassisches Buch. Bis man anfängt, darin zu lesen. Es beginnt mit einer Schilderung aus den Tagen der Illusionen. Den Tagen, von denen Strindberg sagt:

„War es vor zwanzig Jahren am 1. Mai wirklich wärmer oder kommt es uns nur so vor, weil wir jünger waren?"

‚Das neue Reich', das nach den Tagen der Illusionen beginnt, ist das Schweden nach der großen Verfassungsreform. Aber jene Tage der Illusionen sind seltsam verwandt mit dem Wahlsieg der Illusionen 1932 oder mit der großen Erntezeit – seligen Angedenkens – nach dem zweiten Weltkrieg.

Der junge Held aus den Tagen der Illusionen starb rechtzeitig. Ihr braucht nicht mehr erleben:

„... die Früchte der neuen Staatsform, die guten Zeiten, die Blüte der Industrie, die Segnungen der Konzerne ... Er brauchte nie zu sehen, wie unsere jungen Hoffnungen zu Grabe getragen wurden, er brauchte nie ‚die Tage der Reue' zu erleben, als die Volkshelden, seine alten Freunde, die auf den Schultern der Arbeiter zu einer politischen Stellung gekommen waren ... diese Arbeiter im Stich ließen..."

Es wird gewöhnlich gesagt, dass ‚Das neue Reich' eine persönliche Abrechnung mit Strindbergs Gegnern wäre. Hedén sagt: „Das Buch ist offenbar eine Antwort auf die Kritik am „Schwedischen Volk", die Strindberg offensichtlich mehr als jede andere getroffen hat."

Aber gerade die Kritik an Strindbergs historischer Schriftstellerschaft war der große ideologische Angriff der Reaktion auf die radikalen Strömungen. Dieser Angriff war so heftig, dass es den reaktionären und anständigen Autoritäten glückte, die schwedische progressive Geschichtsschreibung zu töten.

Auch dies ist eine Folge der akademischen Misere, die diese Angriffe in Uppsala, Lund und an anderen Lehrhochburgen zustande brachte. Strindberg verteidigte in dem ‚Neuen Reich.' alles, was in dem damaligen Schweden Freigeist genannt werden konnte.

Als Strindberg im Frühjahr 1884 mit der Vorbereitung eines neuen Bandes mit Artikeln und Beiträgen beschäftigt war, der dann unter ‚Gedrucktes und Ungedrucktes I' veröffentlicht wurde, da nahm er – nach vielen Überlegungen – ein „n Beitrag nicht mit auf, der dann später nur teilweise in ‚Gedrucktes und Ungedrucktes III' veröffentlicht wurde. Der Grund, weshalb er den Beitrag nicht aufnahm, gibt er in einem Brief an Karl Otto Bonnier am 7. April 1884 an:

„Soll ich auch noch meine Frau opfern wegen dieser Sache? Habe ich ein Recht dazu? Hat sie nicht meinetwegen genug gelitten, als sie eine Laufbahn aufgeben musste, für die sie schon so viel getan hatte? Jetzt scheint eine Versöhnung zwischen mir und der Gesellschaft möglich! – Soll ich die Wunde wieder aufreißen? Nicht mehr in mein Land heimkommen können, ohne in Eisenbahnabteils, Dampfbooten und auf öffentlichen Plätzen mit Schimpfworten begrüßt zu werden? Und meine Kinder sind jetzt so groß, dass sie verstehen, was die Leute sagen. Das ist feige, ja aber das übersteigt meine Kräfte ..."

In dem, was er niemals veröffentlichte, beschrieb er auch die Situation bei der Entstehung des ‚Neuen Reiches':

„Die Jubelfeste sollten mit ihrem Glanz die Spuren der Bankrotte und Betrügereien der 70-er Jahre verwischen. Die Jugend sollte betört und geblendet werden und neue Reaktionäre stiegen aus ungeahnten Tiefen empor; alte Demokraten weinten vor Hingebung über Fahnenstangen und Feuerwerke und die Stützen der Gesellschaft umarmten einander bei den Jubelfestessen. ‚Das schwedische Volk erschien am selben Tag, als die Kronprinzessin ihren Einzug hielt – mit dem bekannten Effekt. Damals glaubte ich meine Sache verloren, aber nach dem abgehaltenen Plebiszit fand sich, dass ich 5 000 Stimmen bekommen hatte (Subskribenten J. M.) ....Ich dachte und arbeitete. Vielleicht waren die Früchte noch nicht reif, als ich 1879 den Baum schüttelte. Vielleicht sind sie jetzt reif!

Im Herbst kam das ‚Neue Reich' heraus. Diesmal schüttelte ich feste und jetzt fielen die Äpfel, dass es auf die Erde nur so trommelte; wurmstichige, reife, ja und völlig verfaulte! Und dass mir viele auf den Kopf fielen, brauche ich nicht besonders zu erwähnen!

Das war eine Satire! Persönlich? Ja! Und Nein! Die Institutionen waren so von den Körpern der Personen geschützt, dass ich nicht an die ersteren herankommen konnte, ohne die letzteren zu treffen ....“

Heiraten

Um drei Uhr nachmittags, den dritten Oktober des Jahres 1884 fand sich der Gerichtsvollzieher in Begleitung von Vollzugsbeamten im Bonniers Verlag in Stockholm ein. „Er ließ ein Schreiben vom Justizminister Nils von Steyern an das Polizei- Präsidium verlesen mit dem Ersuchen um Beschlagnahme des Buches ‚Heiraten'; zwölf Ehegeschichten; Interviews und Vorwort von August Strindberg'.

Die Beschlagnahme fand statt mit Hilfe des Pressegesetzes §3, Abs.1: „Gotteslästerung oder Verunglimpfung Gottes oder der Sakramente" in Verbindung mit Kapitel 7, § 1 des Strafgesetzbuches, das Strafen von bis zu zwei Jahren Zwangsarbeit androhte.

Das Buch war jahrelang vorbereitet worden. Nun war es in einem Monat intensiver Arbeit niedergeschrieben worden. Es war gut, das wusste Strindberg. Es ist auch zu dem geworden, was er einmal sagte, dass es werden sollte:

„Ein Lesebuch in den Mädchenschulen der Zukunft'.

Das ist ein heiteres Buch. Aber es wird Klage dagegen erhoben und Strindberg wurde vor Gericht gestellt und dieser Prozess und das Spiel um den Prozess entschied weitgehend seine Zukunft.

Dass die Anklage auf Gotteslästerung lautete und gerade ‚Heiraten' betraf, war mehr ein Zufall. Strindberg war unbequem gewesen und er hatte gut geschrieben und er hatte mächtige Feinde, die ihm gerne an den Kragen wollten. Das Königshaus wurde mobilisiert und die Königin intrigierte und die liberale und anständige Regierung Themptander schusterte eine Anklage wegen Gotteslästerung zusammen.

Aber eigentlich ging die Anklage nicht um den ‚Lohn der 'Tugend' mit der Schilderung des Abendmahles: „dass des Weinhändlers Högstedt Piccardan zu 65 Öre die Kanne und des Bäckers Lettström Maisoblaten zu 1 Krone das Pfund vom Geistlichen fälschlich für Fleisch und Blut des vor 1800 Jahren hingerichteten Volksaufwieglers Jesus von Nazareth ausgegeben wurden ... „ (Hier zit. nach ‚Heiraten', III. Bd. 2, 1922 München, Übers. v. Emil Schering)

Strindberg hatte mehrmals auf Herren mit Fingern gezeigt, auf die man nicht zeigen darf; und Verhältnisse angegriffen, die man nicht angreifen darf, wenn man will, dass es einem in diesem Lande gut gehen soll. Die Anklage war weder eine Frage der Gotteslästerung noch eine Frage unzüchtigen Schreibens oder eine Frage der Frauenbewegung es war eine ganz gewöhnliche schwedische Racheaktion. Und die Aktion glückte.

Nicht so, dass Strindberg verurteilt wurde. Das hätte der Aktion schaden können. Dann wäre er zu einem Märtyrer geworden. Das betonten viele Zeitungen des Landes. Aber so, dass er ordentlich gebeutelt wurde und außerdem abgestempelt wurde und sowohl Freunde als auch Schutz einbüßte. Der Freispruch vom 17. November 1884 sollte der Beginn einer langen und dunklen Reaktion in Schweden werden.

Dass Verfasser wie Topelius die Gelegenheit ergreifen würden, die weitere Herausgabe von Strindberg zu stoppen, ist natürlich. An Bonniers Verlag schrieb Topelius am 12. Dezember 1884:

„Ich bedaure es, dass die unglückliche Verbindung mit Strindberg der Firma sowohl in Schweden wie in Finnland geschadet hat. Bischof Martensen würde sich mit zwei Gent lemen von entgegengesetzter Auffassung wie Georg Brandes und B. Björnson ganz gut im selben Regal vertragen, aber ich bezweifle ob er die Gesellschaft eines Literaturstrolches wünscht.

Verfasser und Verleger sollten sich also auf gewisse Grundprinzipien einigen."

Der anständige Lektor Nils Linder, den man überredet hatte, als Verteidiger in der Jury für Pressefreiheit zu sitzen, bekam kalte Füße und beeilte sich, ein ärztliches Attest von Professor Sandahl einzureichen, demzufolge Lektor Linders Katharr:

„eine erhebliche Depression in seinem Nervensystem hervorgerufen hat und dass jetzt noch nicht gesagt werden kann, wie schnell Lektor Linder wieder gesund geschrieben werden kann."

Strindbergs radikale Freunde konnten nach der Anklage anfangen, von ihn Abstand zu nehmen. Hjalmar Branting konnte ihn reaktionär finden. Man konnte anfangen, zu beklagen, dass er nicht mehr so gut schrieb. Diese Entwicklung war durch die Pressereaktionen nach dem Freispruch vorweggenommen worden. Dagens Nyheter befand über den Freispruch, dass:

„ ... die Folgen ... positive Bestrebungen ... sein müssen, unser Strafgesetz mehr in Einklag mit unseren heutigen Rechtsbegriffen zu bringen."

Die ‚Tidningen' meinte:

„...Strindbergs ganze Verfasserschaft ist eine natürliche Reaktion auf die Heuchelei, die Unwahrheit und den Druck der Konvention, die sich allmählich ausgebreitet haben...“

Sie schloss aber ihren Artikel mit folgendem unheilverkündenden Satz:

„Strindberg ist freigesprochen. aber sein Werk wird nun von anderen geprüft werden, die vielleicht strenger als seine Jury-Leute sind. Die Kritik hat ihre Aufgabe zu erfüllen.“

Das ‚Svenska Dagbladet‘ formulierte die Einstellung, die noch lange Jahre danach die herrschende bleiben sollte:

„Sehen wir uns die Meinungen an, die in der öffentlichen Presse vorgebracht werden, so findet man, was wir schon von Anfang betonten, dass kein einziges publizistische Organ von einigem Ansehen und einiger Bedeutung, selbst solche, die mit warmer Anerkennung verschiedene Produkte aus Herrn Strindbergs früherer Verfasserschaft hervorhoben, mit ernstem Tadel an seiner letzten Arbeit zurückgehalten hat. Mit ungewöhnlicher Einstimmigkeit ist er von der öffentlichen Meinung verurteilt worden, bevor er von der Jury freigesprochen wurde.“

Für Strindberg war es natürlich bitter zu erleben, wie Leute, die sich erst kürzlich noch als seine Schüler ausgegeben hatten, ihn im Stich ließen, sobald ihnen das Pflaster zu heiß wurde. An Albert Bonnier schrieb er am 4.Januar 1885:

„Ich habe niemals der ‚Tiden‘ und der Freunde Verzagtheit und Artigkeit verstanden, angesichts einer solch ausgemachten Sau wie Lindström von ‚Allehanda‘ oder einem solch zahnlosen Rindvieh wie Hedlund oder eine solche Kriecherei wie vor dem Ritter und Renegat Viktor Rydberg, dessen einziges Verdienst es ist, in seiner Jugend Jesus Christus geleugnet zu haben, wofür er dann um Verzeihung gebeten und erhalten hat!

... Pfui Teufel! Eine solche Jugend! Statt gegen die Reakti63 on wie ein Löwe aufzubrüllen, liegen sie auf dem Bauch und bedanken sich für die Prügel! Ist es verwunderlich, dass die Reaktion eine solche Schreckensherrschaft einzuführen wagt?

‚Heiraten' ist ein frisches Buch. Aber vielleicht hat es niemals ein höheres Lob erhalten als das, das ihm von Lektor – späterhin Bischof – Personne in der Schrift „Die Strindberg- Lektüre und die Unsittlichkeit unter der Schuljugend" gespendet worden ist:

„Während des Strindbergprozesses 1884 war es den Strindbergschen Volksaufwieglern gelungen, Fabrikarbeiter an verschiedenen Stellen in Stockholm soweit anfzuhetzen, dass sie beschlossen, einen Teil der Geldstrafen zusammenzulegen, zu denen Strindberg, wenn er schuldig gesprochen würde, verurteilt worden wäre. . . Man spricht gerne von den Opfern der Trunksucht, aber ich frage mich, ob man nicht ebenso viel Grund hat, von den Opfern der unsittlichen Literatur zu sprechen, nicht nur unter der Jugend sondern sogar unter älteren Personen, und vielleicht nicht so selten unter der Arbeiterklasse. Ich hörte neulich von einem Handwerker sprechen, ein vorher nüchterner und ordentlicher Kerl, der durch Strindbergs Schriften erfahren hat, dass der Mensch ein Tier ist, dass seinen ‚natürlichen1 Trieben gehorchen soll, und der deshalb ein ausschweifender Trinker geworden ist, der jetzt über die Segnungen des Sozialismus nachdenkt anstatt zu arbeiten."

Unter Französischen Bauern

Die Frage nach Strindbergs Radikalismus wird gern zu einer Frage parteipolitischer Forderungen gemacht. Seit Branting gefühlvoll an Strindbergs Leiche sprach, sind tapfere Versuche unternommen worden, ihn posthum mit der Mitgliedschaft in der SAP (Schwedische Sozialdemokratie) zu versehen, obwohl im Parteikampf zwischen der Parteirechten und der Stormklockanfalange Strindberg den Stormklockan-Leuten näher stand. Als sich die Friedensbewegung zu Anfang der fünfziger Jahre im Kampf gegen den kalten Krieg befand, der in einen heißen Krieg in Europa umzuschlagen drohte, da mobilisierte P. O. Zennström „Strindberg, den Friedenskämpfer". Das war eine wohlgemeinte, aber etwas unhistorische Interpretation deren geglättete Konfliktlosigkeit jedoch die grundlegende Schwäche der damaligen Friedensbewegung widerspiegelte. Vor ein paar Wochen traf ich einen jungen Clartéisten, der Strindbergs ‚Katechismus für die unteren Klassen für bare revolutionäre Münze genommen hatte. Ich weiß nicht, ob die Centrums-Jugend Strindberg in ihre Reihen anfgenommen hat. Das könnte sie gut und gerne tun. Strindbergs Radikalismus in der letzten Hälfte der achtziger Jahre könnte man natürlich als „Lieschen-Müller-Marxismus" bezeichnen.

Aber die Angewohnheit der Mormonen, die Toten zum rechten Glauben umzutaufen, ist nicht nur geschmacklos, sondern sie nimmt auch dem Lebenswerk der Toten ihren Wert. Man darf Strindberg also nicht als Rezeptsammlung lesen, sondern als einen arbeitenden Verfasser in seiner Zeit, Ihn ausgehend von seinen Voraussetzungen lesen. Wenn wir das tun, dann können wir wirklichen Nutzen aus dem Lesen ziehen.

In dem Teil des 'Sohns einer Magd', der ‚Der Schriftsteller' genannt wird und den Strindberg 1886 schrieb, aber erst 1909 herausgab, diskutierte Strindberg sein Verhältnis zu Marx.

Er schrieb unter anderem:

„Aber Marx war Philosoph, und, was noch schlimmer ist, ein Deutscher, ein Idealist und ein Hegelianer. Seine Methode besteht darin, das gesuchte Ergebnis als höchsten Satz aufzustellen, genau das, was gesucht werden soll. Dann sammelt er eine große Menge Fakten, die dafür sprachen; die dagegen sprechen, lässt er aus. Das ist eine alte, gute philosophische Methode. Marx war auch nicht der gelehrte Forscher, den man aus ihm machen wollte, sondern ein leidenschaftlicher Agitator, der von London aus das Programm der Internationale redigierte...

Johan hatte vor dieser Art Sozialismus immer etwas Angst; und er hatte nur zu ‚agitatorischen Zwecken' oder probeweise Leihsätze aus seinen Büchern entnommen und stellte die Frage nach dem Privateigentum zurück. Als er jetzt anfing, die Arbeiterfrage zu untersuchen, fand er bald, dass mit ihrer Lösung allein die Gesellschaft nicht gerettet wird...

Und damals betrat er den zweiten Grad im Salomo-Tempel des Sozialismus und wurde Agrarsozialist oder ein konservativer Sozialist, wie alle die Gruppen genannt werden, die keine orthodoxen Maschinensozialisten sind."

Die große Reportage ‚Unter französischen Bauern‘ war lange vorbereitet worden. Strindberg hatte den großen Plan, Europas Landwirtschaft zu beschreiben. Im Februar 1884 schreibt er an Carl Larsson:

„Ich denke daran, einige Sommer meines Lebens darauf zu verwenden, Europa zu entdecken, so wie Stanley Afrika entdeckte! Alle schreiben über die Hauptstädte, Massen, Denkmäler, Zeitungen, Polizei, Theater und Hotels, aber niemand hat über die Bevölkerung und deren Leben geschrieben, auf der der ganze Staat und die Gesellschaft ruht. Ich will nicht schreiben, wie der Bauer Hochzeit hält oder tanzt oder mit welchem Namen er seine Schweine ruft. Ich will schreiben, wie er lebt und was er denkt, wie es ihm geht und wie er und seine Landschaft, seine Äcker und Wiesen aussehen; ich will hören, was er von der Kultur und der Zukunft hält! ... Ich glaube, dass man daher mit einem fremden Land anfangen sollte, z.B. mit Frankreich. Nicht mit dem Prahm fahren, sondern mit der Eisenbahn und dann zu Pferde, mit dem Esel oder zu Fuß herumstreifen. Und nur die charakteristischsten Provinzen besuchen!“

Während der intellektuellen Abrechnung mit Marx und mit dem, was Strindberg ‚Industriesozialismus‘ nennt, beginnt die Reportage Gestalt anzunehmen. Im ‘Schriftsteller‘ schildert Strindberg den ideologischen Grund, gerade Frankreich und den französischen Bauern als Gegenstand der Reportage zu wählen.

„In Deutschland hat man folglich von Seiten der Industrie- Sozialisten zu allen Ausflüchten der deutschen Philosophie gegriffen, um aus der Statistik ein System zu konstruieren, das beweisen soll, dass die Landwirtschaft im kleinen das Schlimmste von allem ist und dass der Bauer ein fossiles Überbleibsel ist, das in den Ablagerungen der sich bildenden Gesellschaftsformation verrotten wird. Zu diesem Zweck wählte die Sozialistenzeitschrift ‚Die Neue Zeit' sich Frankreich zum Opfer, wo der Grundbesitz in ganz Europa am zerstückeltsten ists und wo der Bauer praktisch die einzige Klasse ist, die im Wohlstand lebt, sowohl von Industrie- als auch Handelskrisen unabhängig ist und sogar nicht einmal im Einflussbereich der ausländischen Getreidekonkurrenz liegt."

Zur Hundertjahrfeier der französischen Revolution, die diesen Bauern ihren Grundbesitz sicherte, kam also ‚Unter französischen Bauern' im November 1809 heraus.

Das ist eine große und bahnbrechende Reportage; sie wird, nicht weniger groß oder dadurch schwieriger zu lesen, wenn wir Strindbergs ideologische Position kennen, als er sich entschloss, sie zu schreiben.

Tschandala

Über den größten Schriftsteller 'unserer Sprache weiß jedes kleine Schulkind im Lande zumindest das eine.

„Er war nicht ganz gescheit!"

Strindbergs Verrücktheit ist eine anerkannte Wahrheit.

Aber diese Verrücktheit ist künstlich erzeugt. Sie begann als übliches schwedisches Geschimpfe in der Skandalpresse. Hugo Nisbeth – den Strindberg schon im Vorwort zu ‚Heiraten' eine ‚romantische Dogge, die eine zu niedrige Stirn hat' nannte – schrieb am dritten Tag nach der Veröffentlichung ‚Des neuen Reiches':

„Herr Strindberg verlässt dieser Tage Schweden, um sich im Ausland anzusiedeln, wie man sagt, ans Anlass eintretender Geisteskrankheit."

Als Siri von Essen dann eine Waffe gegen Strindberg in dem großen Ehekrach und den Intrigen gegen Ende der 80er Jahre brauchte, versuchte sie heimlich einen gemeinsamen Bekannten – Dr. Oltramar in der Schweiz – dazu zu bringen, Strindberg für verrückt zu erklären. Als Strindberg das entdeckte und sich empörte, verbreiteten ihre Freunde das Gerücht, dass er unter der fixen Idee litte, dass seine Frau versuche, ihn für verrückt zu erklären.

Die Literaturhistoriker unterschiedlicher Richtung haben sich dann den Gedanken von seiner Verrücktheit zu eigen gemacht. Einige haben versucht, sie zu etikettieren und dem schon lange toten Verfasser eine Diagnose zu stellen.

Aber der deutsche Arzt, der Nervenphysiologe Carl Ludwig Schleich, der Strindbergs guter Freund in der Berliner Zeit nach der Scheidung war, und der Strindberg in der Infernozeit traf und ihn in Stockholm im Blauen Turm besucht, schreibt darüber in seinen Erinnerungen:

„Man darf jedoch nicht glauben, dass Strindberg jemals geistes- gestört war. Er war in seinen Gedanken immer logisch und respektierte alle Einwände mit der größten Seelenruhe. Mag sein, dass er eine Spur von Verfolgungswahn beherrscht war, aber diese hatten niemals etwas Zwangsmäßiges an sich sondern waren stets das Ergebnis eines, so weit ich ihn kontrollieren konnte, allzu berechtigten Misstrauens...

Es gehört wahrhaftig ein phantastischer Ganglienapparat dazu, um alle diese Angriffe ohne Kurzschluss auszuhalten."

'Tschandala' zeigt, dass diese Gesundheitsbescheinignng ausgestellt von einem bekannten Arzt, der sowohl Fachmann war und auch die Gelegenheit hatte, in einer langen Folge von Jahren den Betroffenen zu beobachten – zuverlässiger ist, als die Diagnosen der psychologisierenden Literaturhistoriker.

Strindberg schrieb ‚Tschandala', als die 80-er Jahre gerade in die 90-er Jahre umschlugen. In Schweden wurde er nach dem Prozess gegen ‚Heiraten' geschnitten, eingefroren und allein gelassen. Die Verfasser, die kürzlich noch aus seinem Namen Nutzen zu ziehen versucht hatten, als er berühmt war, und die ihn zum Führer des Jungen Schweden gemacht hatten, beeilten sich, ihn abzusetzen, als es nicht mehr lohnend war. Branting hatte ihn als Reaktionär beschimpft und Lektor Personne mit Munition versorgt, der ihn für die Sittenlosigkeit der Schuljugend verantwortlich machte. Verlage wollten ihn nicht drucken. Er schweifte mit seiner Familie in Europa umher. Die Einkommen waren versiegt. Er konnte Frau und Kinder nicht versorgen. Er lebte in einem immer bittereren und unversöhnlicherem Ehehass mit Siri von Essen. Zu Henrik Cavling, der die Familie besuchte, sagte sie:

„... Wissen Sie nicht, dass mein Mann verrückt ist?“!

Im Frühjahr 1888 hatte sich die Familie auf dem Schloss Skovlyst in Dänemark eingenistet. Dort herrschte ein seltsames Milieu. Es war in Besitz einer Gräfin von zweifelhafter Adligkeit, Fräulein Louise de Frankenau, und wurde von dem nicht weniger zweifelhaften Ludvig Hansen verwaltet, der sogenannte ‚Zigeuner‘! Das Schloss war verdreckt. Alles war seltsam. In Skovlyst wurde Strindberg von Intrigen und Gegenintrigen und einer Exkrementenhölle heimgesucht von so unglaublicher Art, dass es erstaunlich ist, dass er nicht völlig verrückt, sondern nur Nietzscheaner wurde.

Im Herbst holte Ludvig Hansen zu einem ernsthaften Schlag gegen Strindberg aus. In allen Zeitungen stand zu lesen, dass Strindberg sich an einem Kind vergangen hätte. Skandal! Der Frauenhasser hat ein kleines Mädchen vergewaltigt, schrieb die Aftonposten. Er müsse vor Gericht.

In Wirklichkeit stand Strindberg niemals vor Gericht.

Das Mädchen, Marta Magdalena, Ludvig Hansens Halbschwester, war siebzehn Jahre alt und es war nicht strafbar, mit ihr Beischlaf gehabt zu haben. Sie war auch nicht schwanger. Marta Magdalena sagte vor der Presse, dass sie nur zweimal mit

Strindberg geschlafen hätte. Einmal im Mai und einmal im Juni, und dass sie mit ihm geschlafen hätte, weil sie meinte, dass er nett wäre.

Als das in allen Zeitungen zu lesen stand, schrieb Strindberg sich die ganzen Erlebnisse in Skovlyst vom Hals, indem er ‚Tschandala' verfasste.

Was den Beischlaf Strindbergs im Mai und Juni 1888 mit Marta Magdaleaa angeht, so war der vielleicht gar nicht so seltsam. Das Zusammenleben mit Siri von Essen hatte aufgehört.

Einsam

Im Herbst 1903 zieht Strindbergs dritte Frau, die Schauspielerin Harriet Bosse, aus dem Haus. Sie nimmt die Tochter Anne-Marie mit sich in ein möbliertes Zimmer und lässt Strindberg allein in der Wohnung Karlavägen 40, im vierten Stock, in Stockholm zurück. In dem Herbst gibt er das kleine Buch ‚Einsam' heraus.

Aber das Buch wurde nicht geschrieben, als Harriet Bosse von ihm wegzog. Es wurde geschrieben, als sie noch versuchten, ihre Ehe zu kitten. Im März 1903 begann er, dieses Buch zu schreiben. In seinem ‚Geheimen Tagebuch' schreibt er am 5. März:

„Erwachte am Morgen in lieblichem Frieden, als wäre alles Böse aus meinem Hause gewichen. Es erschien rein und friedvoll (genau wie im Sommer, als Harriet weg war).

Ging zu einem Morgenspaziergang hinaus, ohne Frau und Kind gesehen zu haben. Es hatte in der Nacht geregnet, Frühlings-Luft, Sonne und ein milder Wind. Die Menschen schienen mir gegenüber freundlich gesonnen zu sein ....

Von meiner Promenade heimgekehrt, war es totenstill im Haus. Ich dachte, dass alle gegangen wären. Aber nur meine Fran war gegangen. Es herrscht jetzt, während dies geschrieben wird, eine unbeschreibliche Ruhe. Sie kam wieder zurück!"

In ‚Einsam' ist die Stimmung vor der Scheidung erwartungsvoll. Denn es gibt so etwas wie die Süße der Ehescheidung. Strindberg hat es selbst mehrmals beschrieben. Wie in der Eingangsszene zu ‚Inferno':

„Mit einem Gefühl wilder Freude kehrte ich vom Nord-Bahnhof zurück, nachdem ich meine kleine Frau dorthin begleitet hatte, die zu unserem Kind fahren sollte, das in einem fernen Land krank geworden war.‘

Die Sprache ist nicht richtig Strindbergisch; es ist Eugène Fahlstedts Übersetzung von Strindbergs Französisch. Aber die Stimmung ist dieselbe wie in ‚Einsam' und wie im ‚Geheimen Tagebuch‘ vor dem 5. März 1903.

Das bedeutet nicht, dass Strindberg sich nach Ehescheidungen sehnte. Aber er nutzte seine Erlebnisse und seine Erfahrungen in seiner Arbeit aus. Er nutzte sie aus; er drückte sie nicht einfach aus. Denn ‚Einsam‘ ebenso wie ‚Inferno', das ‚Geheime Tagebuch‘ und wie ‚Die große Landstraße‘ sind schöpferische Werke.

Er hat das selbst mehrmals betont. Als Claes Looström sich weigerte, ‚Tschandala‘ in den ‚Schwedischen Schicksalen‘ zu veröffentlichen, schrieb ihm Strindberg am 2. November 1888:

„Da dachte ich, dass du und deine Öffentlichkeit vielleicht mehr Freude an einer Schilderung aus der Geschichte Carl XI. hätten, als die Alleinherrschaft und die Annektion von Schonen Anlass zu heftigen Reibungen führte, die schon in den Schnapphahngeschichten behandelt worden sind.

Für Studien der Zeit und Kostüme brauche ich Bücher und die benutze ich, greife auch wie immer zur Kette meines eigenen Lebens.....“

Die Kette ist es, der Schuss, das aus dem eigenen Leben genommen wird. Das eigene Leben wird verwendet. Wer davon absieht und glaubt, dass das gesamte Gewebe Ausdruck von Strindbergs privaten Erlebnissen ist, unterschätzt die intellektuelle Arbeit Strindbergs; seine Tätigkeit als Verfasser.

In einem Brief an Harriet Bosse am 15. April 1906 schreibt Strindberg:

„Balzacs Romanform lockt mich jetzt am meisten. Vom Typ ‚Einsam' . Da kann man sich erklären, sich ausbreiten, Menschen deuten, sie von innen sehen, gründlich."

Die Ichperson in ‚Einsam' ist eine Romanfigur. Die Handlung spielt auch nicht 1903 – sondern 1899. Das Fest, das ‚Einsam' einleitet, hängt mit dem Fest zusammen, das ‚die Gotischen Zimmer' einleitet und das die Strindbergfehde eröffnet.

Strindberg schrieb, er drückte sich nicht einfach aus.

Literaten des Imperialismus

(Diese Artikelserie wurde in Indien 1970 geschrieben. Ich hatte gehofft, daran weiterarbeiten zu können, wenn ich nach Schweden zurückgekommen sein würde. Aber als ich nachhause kam, waren die Auseinandersetzungen im ‚Aftonbladet' in vollem Gang. Danach gingen die Diskussionen über Pressefreiheit und die Vorbereitungsarbeit für die Folket i Bild/Kulturfront los. Ich habe immer noch nicht die Gelegenheit gefunden, sie zu vollenden. J.M. 1.12.72)

Im Jahr 1857 brach in Indien der nationale Befreiungskrieg gegen die britische Okkupation aus. Diese Bezeichnung ist nicht unumstritten. In der heutigen offiziellen britischen Geschichtsschreibung bemühen sich achtbare Professoren verbissen daran, dem Aufruhr einen nationalen Charakter abzusprechen; um ihn als reaktionär einzustufen.

Dass Marx und Engels ihn anders beurteilten, ist bekannt. Weniger bekannt ist, dass die damalige radikale und demokratische Öffentlichkeit in Europa, für den Aufruhr gegen die Briten Partei ergriff. Die Chartisten in England sahen ganz deutlich, dass es dieselbe Frage wie Polen gegen Russland war. Man ergriff gegen sein ‚Vaterland' Partei, in diesem Fall England, und für die Unterdrückten. Denn der Kampf gegen die britischen Okkupanten war auch ein Kampf gegen diejenigen, die das englische Volk unterdrückten. Das war 1857.

Aber in Europa waren es nicht die demokratischen und

revolutionären Kräfte, die siegten. Die Niederlage von 1848 wurde zum Sieg des raubgierigen europäischen Großkapitals. In der Epoche des Imperialismus wurden die Solidaritätsappelle der Chartisten (und Marxisten) verwässert, umgewertet und angepasst; in ihr Gegenteil verkehrt. Auf der Zweiten Internationalen konnten die Repräsentanten für eine ‚sozialistische Kolonialpolitik' plädieren. Der Imperialismus kaufte gewisse Schichten der Arbeiterklasse ein; aber vor allem siegte er an der ideologischen Front in den Heimatländern. Dieser Sieg stellte ihre Macht sicher. Er verunmöglichte ein Zuammengehen zwischen der eigenen Arbeiterklasse und den Kolonial-Völkern.

Ernest Jones schrieb vielleicht etwas rhetorisch – das tat man nun mal vor hundert Jahren – aber seine chartistischen Argumente sind einfacher, klarer, direkter und stehen weit über dem, was die britische Labor-Partei heute zustandebringt.

Er hatte keine rassistischen Ideen, auch keine klimatischen Erklärungen zur Hand. Um ihre Macht zu sichern, schuf die herrschende Klasse in Europa eine Menge von Vorstellungen und Vorurteilen, die im Volk verbreitet wurden,

Diese Vorstellungen und diese Vorurteile knebeln uns. Wir können uns nicht befreien, ohne sie zu zerschlagen. Deshalb müssen wir uns die Literaten des Imperialismus genau anschauen. Sehen, wie sie dienen; sehen, dass sie dienen.

Müssen uns auch von dem Mythos der herrschenden Klasse befreien, dass Literatur einfach Literatur ist.

Es gibt eine brauchbare Materialsammlung. Allen J. Greenberger „The British Image of India, A study in the literature of imperialism 1880-1960“. Er erfasst alle britischen Romane über Indien. Die weltbekannten wie die weniger bekannten, die exklusiven wie die massenhaft konsumierten.

Das ist eine Materialzusammenstellung. Er zieht keine Schlussfolgerungen, er geht in der Analyse nicht einmal bis zum Imperialismus (er fällt auch in die Gruben, die er beschreiben sollte). Bezüglich des Mangels an britischen Romanen über Bengalen sagt er:

„Eine Ursache kann das Klima gewesen sein, das von ernsthaftem Schreiben abhielt."

Da Bengalen eine reiche Literatur hat, meint er wohl, dass die Briten besonders klimaempfindlich sind. Rasse also. Aber da die Briten ja in Bengalen saßen und gelehrte und ernsthafte Werke verfassten, wird seine Aussage gleichbedeutend mit der Behauptung, dass der britische Rassecharakter für schönliterarische Schöpfungen ein ganz bestimmtes Klima benötigt. Aber das meint er natürlich nicht. Er schrieb einfach ein paar Worte hin, die wie ein Gedanke aussahen, die aber eigentlich nur ans einem Gemisch aus Schutzlügen des Imperialismus bestanden.

In diesen achtzig Jahren ist nicht ein einziges – sprich ein einziges – Werk über Indien von einem britischen Verfasser geschrieben worden, das nicht direkt und offensichtlich verlogen ist. Es gibt nicht einen einzigen britischen Verfasser, der Indien in sozialen Termini geschildert hat. Alle – sprich alle – sind Rassisten.

Es ist zu beachten, dass diese Verlogenheit der Schilderung ebenso sehr für Orwell und Forster wie für Kipling gilt. Sie sind sich alle gleich, die Weltberühmten wie die Unbekannten, die ‚Radikalen' und die offenen Imperialistenfreunde. Nicht ein einziger britischer Verfasser hat Indien wirklich geschildert.

Die radikalen Kritiker, die in Forster mehr als nur einen gut schreibenden Mann sehen konnten und meinten, dass sie gar einen Schriftsteller und Schilderer von Format vor sich hätten, haben entweder keine Kenntnis von dem, was Forster beschreibt oder auch – was wahrscheinlicher ist – wollten sie nicht den Mythos der Herrschenden, dass Literatur einfach Literatur ist, aufgeben.

Was Kipling, Forster und Orwell angeht, hat Greenberger mir nichts Neues erzählt. Die hatte ich ja in Indien gelesen. (Und ich ziehe den offen schurkenhaften Kipling dem liberal faselnden Forster vor.) Aber ich war davon ausgegangen, dass es irgendwo und irgendwann einen britischen Verfasser gegeben hätte, der gegen den Imperialismus gestanden hätte. Das war dumm von mir. Es war nicht meine Unkenntnis – wie ich dachte – sondern es war tatsächlich so, dass es ihn nicht gab. Es war, als gäbe es nur Olle Hedberg, Sigfrid Siewertz und Sigge Stark, um sich über Schweden zu informieren.

Die britischen Verfasser, die über Indien schrieben, waren verschieden. Aber allen gemeinsam war, dass sie als direkte Propagandisten des Imperialismus auftraten. Verbissen und ausdauernd und mit größerer oder geringerer Brillianz schilderten sie soziale Probleme als private oder Rassenprobleme. Diese Literaten waren nicht einfach Literaten in der Epoche des Imperialismus, sondern es waren die Literaten des Imperialismus.

Diese ganze Literatur wird natürlich völlig verschwinden. Das Interesse für sie wird denselben Charakter annehmen, wie das Interesse, das wir heute für die Predigten des Bischofs Land hegen. Spezialisten studieren sie, um eine bessere Perspektive für die damalige Zeit zu gewinnen. Und in künftigen Zeiten werden Streicher und Forster gleichrangig behandelt werden. Verschiedene Beispiele rassistischer Ideologie.

Aber bevor wir so weit sind, muss diese Literatur bekämpft werden. Das ist ein giftiges Unkraut.

Während ich dies schreibe, weiß ich ungefähr, was für eine Reaktion diese Worte bei den mehr oder weniger liberalen Literaten hervorrufen werden.

Um Kipling kümmern sie sich nicht. Den haben sie nicht gelesen, (Haben sie Ossiannilsson gelesen?) Aber sie werden Orwells Schilderung Burmas verteidigen und Forsters Schilderung Indiens und sie werden Seele finden und Ernst und liberale Gedanken und vor allem werden sie meinen, dass alles doch Orwells/Forsters private traumatische Erlebnisse seien. (Und P&O sagten doch auch das eine oder andere über verschiedene Briten.) Und sie werden damit schließen, von meinem Literaturhass zu sprechen und von ihrer Liebe zur Kunst. (Oder der schöpferischen Funktion der Kunst oder von der Kunst als Befreiung – für P&O.)

Aber die Fakten bleiben bestehen. Die britischen Verfasser von Kipling bis Masters haben Indien geschildert, als wären sie die vom Imperialismus direkt angestellten Meinungsmacher gewesen. Man kann sagen, dass das ein Zeichen für den hoch entwickelten britischen Kapitalismus sei, der nicht einen Goebbels hervorzubringen brauchte, um das zweckmäßige Lügen zu koordinieren.

Dies zu schreiben, bedeutet nicht, die Literatur zu hassen; das bedeutet, die Literatur ernst zu nehmen. Wir, die wir meinen, dass wir Verfasser von anderer Art sind, müssen das Beispiel der britischen Verfasser zwischen 1880-1960 sehr genau studieren. Denn wir wollen doch nicht bewusst als die Propagandisten des Imperialismus auftreten, aber um auch zu vermeiden, dass wir hilflos und bewusstlos (und mit Hinweisen auf das Ich und die Seele und die Kunst) mit dem Strom schwimmen; wenn wir nicht zu einem Gefäß zur Verbreitung von Vorurteilen im Dienst der Herrschenden werden wollen, müssen wir sehen und einsehen, welche Funktion diese Verfasser hatten und haben. Dann können wir in unserer Arbeit Stellung beziehen. Diese Literaten waren nicht die Literatur. Gegen sie Stellung beziehen, bedeutet, für die Literatur Stellung beziehen. Für unsere Literatur.

Aftonbladet 11.10.1970

Weißt Du, wie Kapitän Nemo eigentlich hieß?

So ganz allgemein ist es nicht notwendig, Kapitän Nemos Namen zu wissen. Aber wenn man Sozialist ist, und wenn man es mit der Weltrevolution ernst nimmt, und wenn man weiß, dass der Weg nach Paris und London und New York über Shanghai und Kalkutta führt und wenn man '80 000 Meilen unter dem Meere' gelesen hat, und wenn man dann immer noch nicht den Namen von Kapitän Nemo kennt, dann hat man noch viel zu lernen, bevor man vernünftig handeln kann, damit das eigene Handeln im Dienst der Revolution steht.

Nun stehen die beiden roten Leinenbände in ihrem Regal weit weg in Schweden und ich kann sie nicht aufschlagen, um zu zitieren. Aber Kapitän Nemos Hass auf die Unterdrücker seines Landes machte einen starken Eindruck auf mich, als ich Jules Verne als Kind zu lesen begann. Ich war Kapitän Nemo. Stand mit finsterer Miene und gekreuzten Armen da und sah das Fahrzeug der Unterdrücker untergehen.

Indem er Kapitän Nemo schuf, half Jules Verne vielen jungen Lesern, die Briten des Imperiums zu sehen. Das hat die Rolle der Literatur zu sein. Kapitän Nemo ist eine vieldeutige Figur. In diesem Fall folgt er seinem Vorbild.

Denn das Vorbild für den Kapitän Nemo war Dhundu Pant, Peshwa Baiji Rao II Adoptivsohn, eher bekannt unter dem Namen Nana Sahib; einer der gefährlichsten Gegner der

Briten im ersten indischen Unabhängigkeitskrieg 1857-59.

Nach der Niederlage flüchtete Nana Sahib über die Grenze nach Nepal. Von dort aus schickte er auch seinen letzten Brief an die Engländer:

„Mit welchem Recht besetzt ihr Indien und erklärt mich für vogelfrei? Wer hat euch das Recht gegeben, über Indien zu herrschen? Ihr Europäer, sollt die Könige sein und wir, wir sollen die Diebe in unserem eigenen Land sein?“

Niemand weiß, was dann mit ihm geschah.

Nana Sahib ging hinaus in den Dschungel und direkt in die Legende ein. Bis in die Anfänge dieses Jahrhunderts hinein fahndete der britische Sicherheitsdienst in verschiedenen Ländern nach ihm und britische Agenten lasen Jules Verne mit der Lupe und argwöhnten, dass er etwas wüsste. Aber Nana Sahibs Schicksal blieb unbekannt.

Dass Jules Verne sich von Nana Sahibs Schicksal inspirieren ließ, war keine unpolitische ‘literarische’ Frage. Der Kampf gegen die britischen Okkupanten spaltete die europäische Öffentlichkeit. Es ist lehrreich zu beobachten, in welcher Weise.

Die außenpolitische Rivalität zwischen auf der einen Seite der britischen Weltherrschaft und dem russischen Hof oder dem intrigierenden Napoleon III in Frankreich auf der anderen Seite spielte eine viel geringere Rolle, als man annehmen sollte. Der volkstümliche Charakter der indischen Revolte einte die Herrscher. (In viel größerem Ausmaß kann man dasselbe in den Jahren 1917-1919 beobachten, als die unterschiedlichsten Figuren sich hinter die russische – von ihnen gerade noch so gehasste – Oberschicht stellten, aus Angst vor der sozialen Revolution.)

Russky Vestnik drückte dies mit vorbildlicher Klarheit aus: „Wir hegen für Englands Außenpolitik keine Sympathien, wir stehen im Konflikt miteinander (man beachte, dass dies kurz nach dem Krimkrieg geschrieben wurde. J. M.) Aber wir werden immer die Hochherzigheit und die Gewissenssorgfalt besitzen, die Übereinstimmung unserer Aufgaben zu erkennen. Sowohl England als auch Russland sind berufen, das Licht des europäischen Lebens in das moralische Dunkel des stagnierenden Asien zu bringen. Darin sind wir Alliierte; darin stehen wir solidarisch zusammen."

Die revolutionären russischen Demokraten dagegen ergriffen nicht einfach Partei für die indische Unabhängigkeit und gegen die britischen Okkupanten; sie taten es auch auf Grund einer politischen und sozialen Analyse.

Im 'Sovremennik' schrieb Dobroljubov. Er hob hervor, dass die Revolte historisch notwendig sei; er verhöhnte das Gerede von der britischen zivilisatorischen Aufgabe in Indien: „Englands eigentliche Ziel ist der staatliche und private Profit und nicht die Zivilisation."

Das kann man nun wirklich eine klare Linie nennen. Hier die Inder in der Revolte, dort die britischen Okkupanten; hier also Dobroljubov und dort Russky Vestnik. Der Polizeipräfekt von Paris sammelte Geld für die armen Opfer – die Briten. Marx schreibt, dass die Briten einsehen müssten, dass dies keine Militärmeuterei, sondern eine wirkliche nationale Revolte sei.

Bis hierher also Dobroljubov und Tschernyschewski (die revolutionären Demokraten) und Marx (Sozialist) ganz klar auf der einen Seite, ebenso klar wie der Polizeipräfekt von Paris auf der anderen Seite steht. Eine alleinige 'Wahrheit' über Indien im Jahr 1857, die sowohl von Marx als auch von dem Polizeipräsidenten hätten akzeptiert werden könnten, gab es nicht und konnte es auch nicht geben. Diejenigen, die der Polizeipräfekt als Opfer betrachtete, konnte Marx nur als Henker betrachten.

Wichtig für uns, die wir heute leben, ist es jedoch zu erkennen, wo die Grenzen fließend waren; wo die Linien nicht so klar und eindeutig waren. Ein solcher Blickwinkel kann uns helfen, unsere eigene Zeit zu begreifen.

In England ging der kämpferische Chartismus seiner endgültigen Niederlage entgegen. Erschöpft, müde und verzweifelt führte Ernest Jones seinen letzten großen Kampf.

„Ihr Arbeiter Englands werdet aufgefordert werden, zu bluten und zu bezahlen, um eine der ungerechtesten Usurpationen aufrechtzuerhalten, die jemals die Annalen der Menschheit verdunkelt haben. Engländer! Jetzt kämpfen die Hindus für all das, was den Menschen am heiligsten ist. Die Sache der Polen, die Sache der Ungarn, die Sache der Italiener, die Sache der Irländer war nicht gerechter, war nicht heiliger. ... Genossen, Landsleute! Es gibt etwas, was größer ist, als die Freiheit der anderen zu zerschlagen – das ist, für die eigene Freiheit zu kämpfen." (4. 7. 1857)

In einem Artikel nach dem anderen setzte Ernest Jones seine Arbeit fort; aber die Niederlage des indischen Volkes wurde auch die Niederlage der englischen Arbeiterklasse. Ihre großen Organisationen verfielen zu Klassenzusammenarbeit und wurden zu Werkzeugen für den Imperialismus.

Das Schicksal der englischen Arbeiterklasse, ihre andauernde Unfähigkeit, sich zu erheben, ihre politische Impotenz von einem Jahrzehnt zum nächsten, ihre Misere ein ganzes

Jahrhundert hindurch und weit hinein in ein neues Jahrhundert, kann nicht losgelöst werden von der Unfähigkeit der britischen Arbeiterklasse zu internationaler Solidarität. Es kam, wie Ernest Jones und Karl Marx vorausgesagt hatten. Nicht nur für die wirkliche Freiheit Irlands und Indiens zu kämpfen hieß, sich selbst in Ketten zu legen. Wer mir nicht glaubt, kann nach England reisen und sehen, wie die englischen Arbeiter heute leben. Es war nicht die englische Arbeiterklasse, die am Kolonialismus und Imperialismus verdiente. Aber die Herren kauften ihre Führer. Und das englische Volk sitzt noch immer im Dreck. Darüber nachzudenken, haben auch die schwedischen Arbeiter allen Grund.

Ein anderes lehrreiches Beispiel ist das italienische. Damals stand Italien vor seiner nationalen Einigung. Aber wie? Unter welcher Führung? Es gab zwei Richtungen: die 'Gemäßigten' – durch die Aristokraten und die Großbourgeoisie vertreten – und die Demokraten, Mazzinis Leute.

Die Demokraten waren Republikaner. Sie stützten sich auf die Kleinbourgeoisie der Städte, auf Handwerker und kleine Händler. Sie waren revolutionär. Deren Ziel war die demokratische Republik. Die Gemäßigten hatten Angst vor jeder volkstümlichen Bewegung; sie stützten sich auf das Königshaus, fremde Mächte und stehende Heere. Aber beide sprachen von Befreiung und nationaler Einigung.

Also schreibt Joseph Massari von den Gemäßigten in der 'Rivista Contemporanea' im Juli 1857:

„Allzu viele Menschen verlieren den Blick für Rassen und Geographie und bilden sich ein, dass die indische Revolte ein Versuch zur Selbständigkeit sei und ein Zeichen des Verlangens, eine indische Nation zu bilden. Aber die, die denken können und die wirklichen Verhältnisse begreifen, geraten nicht in eine so plumpe Falle. Der Sepoyaufruhr ist nur eine militärische Meuterei, die von den religiösen Fanatikern der Brahmanen geführt wird; irgendein Verlangen nach Freiheit und Selbständigkeit hat damit überhaupt nichts zu tun."

Die revolutionären Demokraten hingegen beurteilten das, was in Indien geschah, indem sie von ihrem Klassenstandpunkt ausgingen. In 'Italia del Populo' nahmen von Anfang an Stellung für die Revolte und am 15. September 1857 formulierte die Zeitung einen politischen Gedanken, der zeigt, wie weit die revolutionäre bürgerliche Demokratie es vor ihrem Verfall bringen konnte:

„Wie schnell oder wie langsam, wie vollständig oder wie stückweise das britische Imperium auch in Indien wieder hergestellt wird, so wird für ewig und alle Zeiten feststehen, dass die Tatsache, dass die Revolution sich an den Ufern des Gelben Flusses und des Ganges zeigte, ein unerhörtes Ereignis ist und ein Zeichen für einen neuen Elan im Geist der Freiheit."

Man beachte die internationale Solidarität, man beachtete die Unteilbarkeit der Revolution! Aber die revolutionären Demokraten verloren. Das Volk Italiens erlebte mehr als hundert Jahre Elend, Faschismus und Unterdrückung.

(Wenn ich in Schweden wäre, würde ich untersuchen wollen, wie die schwedische politische Meinung auf 1857 reagierte. Wie stellten sich die Aftonbladet-Radikalen dazu? Aber eigentlich ist das ein hervorragender Zeugnisaufsatz. Der muss geschrieben werden. Schreibt ihn!)

Immer noch ist kein Ende der Revolutionen und der nationalen Befreiungskriege abzusehen. Es ist daher nicht wahr, dass die hundert Jahre alten Diskussionen überholt sind. Sie wiederholen sich Tag für Tag und deshalb müssen wir lernen, sie wiederzuerkennen. Handeln. Den Namen des Kapitäns Nemo kennen und mit Ernest Jones endlich einsehen, dass es etwas Wichtigeres gibt, als andere Völker zu unterdrücken; nämlich für die eigene Befreiung zu kämpfen.

Aftonbladet 18. 10. 1970

Terror, Gewalt und Schreckensherrschaft

Im zweiten Teil seiner Selbstbiographie schildert Bertrand Russell, wie er mit seiner Dora von den Pressefotografen in Yokohama bedrängt wurde. Er ist empört. Er hat Angst, dass sie eine Fehlgeburt bekommt. Und dann schreibt er etwas sehr Merkwürdiges:

„In dem Augenblick wurde ich von denselben Leidenschaften erschüttert, wie sie die Anglo-Inder während des Aufruhrs (im Original 'mutiny') erfahren haben müssen, wie sie weiße Menschen, von einer rebellierenden farbigen Bevölkerung umgeben, immer haben müssen. Hier lernte ich einzusehen, dass der Trieb, die eigene Familie vor Misshandlungen durch ein Volk fremder Rasse zu schützen, vermutlich das wildeste und leidenschaftlichste Gefühl ist, zu dem Menschen überhaupt fähig sind. (s. 210)

Falls ich früher größeren Respekt vor Russell als Denker gehabt hätte, so hätte mich dieser Absatz ihn verlieren lassen. Den hatte ich allerdings nicht. Ich finde den Absatz faszinierend und typisch,

Wie zum Teufel konnte Russel hier die Rasse mit hineinbringen? Pressefotografen, schwedische, japanische, amerikanische, sie alle können beschwerlich werden. Waren besonders beschwerlich, als sie Magnesiumpulver verbrannten. Aber das Magnesiumpulver war ja nicht schlitzäugig! Die

Russell'sche Einsicht war also nur der gewöhnliche britische Oberschicht-Rassismus.

Aber man beachte, dass er von der 'Meuterei' spricht. Das ist in anderer Hinsicht bezeichnend. Er geht hier von einem Mythos aus, den die britischen Politiker, Historiker und Schriftsteller ganz bewusst in ihrem Volk verbreitet haben; zum Schluss glaubten auch die Propagandisten, was sie sagten.

Das Bild von der einsamen „englischen Familie" in einem Meer von aufrührerischen Indern kann man ja auch austauschen; die einsame SS-Familie in einem Meer aufrührerischer Konzentrations-Lagerinsassen im April 1945. Da empfinden wir kein Verständnis für die tiefen Rassengefühle des SS-Mannes. Oder wie?

Dass man Russell lesen kann, ohne dass sich die Leser mehr empörten, als sie es offenbar taten, dass man aber nicht lesen kann, wie eine arme SS-Familie (Ilse Koch und Lampenschirm) von scheußlichen Konzentrationslagerinsassen bedroht werden, liegt nicht daran, dass die Situation eine andere ist, sondern daran, dass die britischen Imperialisten in Indien 1857 – 59 siegten, und die deutschen Faschisten in Europa 1945 verloren. Das ist alles. Hätten die deutschen Faschisten gesiegt, so hätte ein künftiger deutscher Rüssler, ein bekannter Philosoph, von den wohlbekannten Schrecken sprechen können, der sich dieses einsamen SS-Mannes in seiner Festung in dem östlichen Grenzgebieten vor den Untermenschen bemächtigen konnte.

Ich bin immer sehr skeptisch bei allen eingehenden Beschreibungen von Grausamkeiten gewesen. Man nennt sie und tut es so unpersönlich wie möglich. Das ist notwendig.

Aber wenn man im Detail beschreibt, wie Menschen geplagt, misshandelt und gefoltert werden, dann empfinde ich ein starkes Unbehagen. Das ist nicht Feigheit. Auch kein Unwille.

Eine 'mitfühlende ' Schilderung des Leidens ist eine perverse Schilderung. Ebenso pervers wie die religiösen Märtyrer-Beschreibungen. (Die Leiden des Heiligen Kitzels trotz allem in den Testikeln.) Also kühl.

Es gab Terror, Gewalt und Schreckensherrschaft in Indien 1857-59. In der europäischen Mythologie waren es die Briten, die dem Terror ausgesetzt waren. Die Briten und ihre 'getreuen' Inder. Es stimmt, dass Briten getötet wurden, wie ein gefangener Sepoy hinterher sagte:

„Wenn man giftige Schlangen erschlägt, dann erschlägt man auch ihre Brut."

Aber es waren bedeutend weniger Briten getötet worden, als man gemeinhin annimmt. Die getötet wurden, wurden in den meisten Fällen auch erst dann getötet, als die britischen Schlächter mit ihren Säuberungsaktionen begonnen hatten.

Die raffinierte Weise, mit der die Briten ihre Gefangenen umbrachten (zerstückeln, über schwachem Feuer rösten, in Schweinehaut einnähen, über Kanonenmündungen binden etc. etc. etc.) wurde von den deutschen Faschisten nicht übertroffen. Dass die Briten keine Gasöfen hatten, war kaum ein moralisches Verdienst, sondern eine Frage technischer Entwicklung. Der große Terror und das eigentliche Schreckensregiment war die britische Wiederherstellung der Ordnung.

Briten wie Neill, Roberts (später Feldmarschall und 'Earl Roberts' und großer Held), Cooper, Robert Montgomery, Theophilius Metcalfe, Nicholsen – ich kann sie nicht alle aufzählen, das ekelt mich an – unterscheiden sich in keiner Weise von Heydrich und Himmler. Die waren gefühlsselig wie Himmler und kalt wie Heydrich. Der Terror ist nicht eine Frage deutscher Rasse; der Terror ist klassenbedingt.

Sowohl das Volk als auch die hitler‘schen Okkupanten bedienten sich der Gewalt. Aber nicht des Terrors als Terror und der Gewalt als Gewalt. Sowohl die Inder als auch die Briten bedienten sich der Gewalt. Aber die Gewalt der Aufständischen war vernünftig und notwendig; der Terror der Briten war unmenschlich; er diente dazu, die Herrschaft einer Minderheit über die Mehrheit wiederherzustellen. Der sollte ein Volk durch Schrecken botmäßig machen.

Worte wie ‘Gewalt’ und ‘Terror’ und ‘Schreckensherrschaft’ wurden von den herrschenden Klassen benutzt, um ihre Gegner zu beschreiben. Sie selbst sprechen von ihrem Handeln als der ‘Wiederherstellung von Gesetz und Ordnung’.

Nehmt nur das Nachbarland Finnland. Wer verübte Terror? Es waren nicht viele, die dem ‘roten Terror’ zum Opfer fielen; aber nach dem Krieg gab es ein kaltblütiges Hassmorden. Das steht immer noch nicht deutlich und klar in unseren Schulbüchern. Die Henker darf man nicht verunglimpfen. Die darf man nicht Schlächter nennen.

Nehmt die große französische Revolution. Da spricht man von der Schreckensherrschaft. Da spricht man von Terror. Aber was war denn die wirkliche Schreckensherrschaft? Es war nicht die notwendige Säuberung der Jakobiner unter den aristokratischen Verrätern. (Wer wissen will, wie bürgerliche Demokraten die Schreckensherrschaft‘ beurteilten – zu der Zeit, als die Bourgeoisie noch demokratisch sein konnte, sollte Mark Twain lesen ’Ein Yankee aus Connecticut an König

Arthurs Hof'. Dieses Buch lehrte mich, den Unterschied zwischen Terror und Terror, als ich ein Kind war.)

Das gilt auch für 1857. Ein Durchgehen der Dokumente zeigt, wer Opfer des Terrors wurde und wer ihn ausübte. Da zeigt sich, dass es die Briten waren. die sich bewusst des Massenmordens, der Massenfolter, des Massenterrors, der Massenplünderung, der Massenvergewaltigung und der Massenerniedrigung als politischer Waffe bedienten. Es zeigt sich auch, dass diejenigen, die das ausführten, es nicht nur richtig fanden; sie fanden auch Spass daran. Es gibt mehr Dokumente über sadistische Ausschweifungen zum ‚Zweck des Vergnügens', sogar zu ‚künstlerischen Zwecken' – die Kunst, Eingeborene so aufzuhängen, dass die Körper ästhetische Figuren bildeten von britischen Gentlemen als von deutschen SS-Leuten. Die SS-Leute waren etwas heuchlerischer. Die britischen Gentlemen meinten aufrichtig und ehrlich wie Schuljungen, dass es verdammt lustig und aufgeilend wäre, einen Eingeborenen sanft zu quälen. Briten, Deutsche, Soldaten aus den Vereinigten Staaten – es ist nicht so, weil sie ‚Deutsche' oder ‚Briten' oder ‚Amerikaner' sind, dass sie zu Terroristen werden; ihre soziale Funktion als Herrenklasse und Herrscher zwingt sie zu Terror und Sadismus; deshalb müssen sie bekämpft werden.

Das Entscheidende an Bertrand Russells Schilderung seiner Gefühle in Yokohama ist, dass sie voll und ganz klassengebunden sind. Weil er das selbst trotz allem niemals einsehen konnte und sich nie von der Brutalität dieser seiner Klasse befreien konnte, blieb er eine philosophische Halbfigur, zweideutig, tastend, unreif. Ein Liberaler!

Denn er konnte einerseits die britische Herrschaft in

Indien als Kriegsverbrechen verurteilen, sie mit den Faschismus vergleichen und gleichzeitig mit britischem Rassismus reagieren. Der Liberale kann verurteilen; kann nicht einsehen. Er ist moralisch, empört. Nicht mehr, liberal. Also nicht effektiv, selbst wenn er Recht hat.

Aftonbladet 25. 10.70

Das Junge Indien

Im Jahr 1907 saß der dreiundzwanzigjährige Student Vinyak Danodar Savarkar in London und schrieb an einem Buch. Er schrieb auf Marathi.

Der Titel des Manuskriptes war 'Der indische Befreiungskrieg von 1857'. Er erklärt:

„Die Nation, die sich ihrer Vergangenheit nicht bewusst ist, hat keine Zukunft. Ebenso wahr ist es, dass eine Nation ihre Fähigkeit entwickeln muss, nicht nur die Vergangenheit für sich zu erobern, sondern auch das Wissen, wie das Vergangene verwendet werden soll, um das Kommende zu befördern."

Seine Absicht war, wie er später in einem Artikel schrieb, eine sachlich richtige Geschichte zu schreiben, die das Volk dazu inspirieren sollte, sich abermals zu erheben und mit der Waffe in der Hand das Vaterland zu befreien.

Sein Buch hatte also das ausgesprochene Ziel, das Volk auf die Notwendigkeit des bewaffneten Aufruhrs vorzubereiten und die Moral der britischen Indien-Armee zu untergraben. Savarkar meinte, dass die indischen Soldaten, wenn sie erst einmal ihre Situation einsähen, aus 1857 lernen und sich gegen ihre Offiziere erheben würden, und dass dann die britische Herrschaft in Indien stürzen würde. Diese Herrschaft ruhte auf Bajonetten; es ging darum, die Bajonette gegen die Unterdrücker zu richten. (1946, als die bewaffneten Streitkräfte eine Meuterei begingen, wurden die Briten schließlich zu dem Beschluss gezwungen, Indien zu verlassen.)

Es mag angebracht sein, gleich zu Anfang an drei Dinge über das Buch zu sagen, an dem der junge Student 1907 in London schrieb. Es ist ein großartiges Buch; mit brennendem Pathos geschrieben und in einem scharfen, rücksichtslosen Stil.

Es ist auch eine der besten historischen Arbeiten über 1857. Einiges Material, das verwendbar gewesen wäre – über die Volkserhebungen und den Klassenkampf auf dem Lande 1857-59 hat ihm nicht zur Verfügung gestanden; in einigen Fällen zog er auf bestimmte Quellen zu hohe Wechsel – aber im Vergleich mit allen damals gängigen akademischen historischen Arbeiten ist dies auch wissenschaftlich eine glänzende Arbeit. Das dritte ist, dass Savarkar später Faschist wurde.

Bereits während der Arbeit an dem Manuskript verschwanden zwei Kapitel. Detektive von Scotland Yard hatten sie gestohlen. Savarkar wurde von den Briten intellektueller Tätigkeit verdächtigt und sie überwachten ihn sorgfältig. Die Weltherrschaft, über der die Sonne nicht unterging (und an der das Blut niemals trocknete, wie Ernest Jones sagte) fürchtete das Wort.

Das Manuskript wurde nach Indien geschmuggelt, trotz der strengen Kontrollmaßnahmen der britischen Behörden. Die Briten unternahmen unmittelbar Polizeirazzien in den führenden Druckereien in Maharashtra. Aber die Briten konnten ihren Polizisten nicht vertrauen. Ein patriotischer Polizeioffizier warnte die Druckerei, wo das Buch gedruckt werden sollte, kurz vor der Razzia. Die Briten fanden das Manuskript nicht. Als sie die Druckerei überwachten, musste das

Manuskript wieder nach Europa geschmuggelt werden. In Paris fand der junge Student sein Manuskript wieder. Es wurde ein misslungener Versuch unternommen, das Manuskript in Deutschland zu drucken. Danach beschloss man, das Buch ins Englische zu übersetzen und es in England zu drucken.

Aber die britische Polizei war wachsam. Das Buch wurde verboten. Savarkar fragte die Behörden in einem offenen Brief:

„Woher wissen die Behörden, dass das Buch so gefährlich ist, dass es verboten werden muss, bevor es publiziert ist, bevor es überhaupt gedruckt ist? Entweder hat die Regierung eine Kopie meines Manuskriptes oder nicht. Wenn die Regierung eine Kopie hat, warum werde ich dann nicht vor Gericht gestellt ... wenn sie keine hat, wie kann sie etwas über den Inhalt wissen?"

Kein britischer Drucker wollte die Arbeit mit dem Buch übernehmen. Das Intelligence Department hatte Kontakt mit den Kollegen in Frankreich und drohte den französischen Druckern; keine französische Druckerei wagte sich der Aufgabe anzunehmen. Aber man fand einen holländischen Drucker, der insgeheim eine Auflage druckte. Diese Auflage wurde nach Frankreich geschmuggelt. Von dort aus wurde sie in Indien verbreitet. Sie wurde mit falschen Einbänden versehen und als britischer Roman von der anständigen Sorte ausgegeben: Dickens.

1910 unternahmen die Briten eine ihrer periodischen Säuberungsaktionen in Indien. Sie versuchten, die Widerstandsbewegung zu zerschlagen. Sie hängten einige auf, warfen andere ins Gefängnis. Savarkar wurde am 13. März in London verhaftet und nach Indien überführt. Am 31. Januar wurde er zu lebenslanger Deportation verurteilt und auf die Teufelsinsel der Briten auf den Andamanen gebracht.

Wie man merkt, schreibe ich dies hier keineswegs auf objektive Weise. Denn wenn ich 'objektiv' schreiben würde, dann würde ich freundlich über die britischen Liberalen schreiben und über ihre ehrenhaften Beamten und loyalen Richter. Aber eine solche Objektivität wäre Lüge. Es gibt eine Wahrheit der Unterdrückten und eine Wahrheit der Unterdrücker.

Wer der britischen Demokratie huldigt und der Redefreiheit zur Zeit des Imperialismus, täte gut daran, versuchen zu rechtfertigen, warum sämtliche britischen Regierungen von 1909 bis 1946 jedermann verfolgten, der eine historische Arbeit druckte, kaufte, las, lieh oder sich auf sonstige Weise mit ihr befasste, deren wirklicher Inhalt lediglich der war, dass er den Schriften der gekauften und offiziellen britischen Historiker widersprach. Das können die Kulturfreiheitstanten nicht erklären. Aber wir können es erklären. Die Worte bedrohten die Einkommen der Herrschenden; deren Plündereien. Wir verlassen Savarkar im Gefängnis. Über ihn gäbe es noch eine Menge zu berichten. Ein Mensch bleibt nicht sein Leben lang dreiundzwanzig. Aber das Buch bleibt bestehen.

Und dieses bestehende Buch sollte im indischen Freiheitskampf eine große Rolle spielen. Als die Ghadar-Partei gegründet wurde, übernahm sie dessen Namen: ghadar=Aufruhr von 1857. Um ihre Tätigkeit zu finanzieren, druckte sie eine Auflage des Buches in den USA.

Die Tätigkeit der Ghadar-Partei führte zur zweitgrößten Erhebung gegen die Briten in Indien. Die Briten rächten sich. 250 Patrioten wurden aufgehängt. Die Ghadarpartei hatte die Widersprüche zwischen den britischen und deutschen Imperialisten im ersten imperialistischen Weltkrieg ausgenützt. Aber sie waren keine – wie die Briten und ihre Geschichtsschreiber zu behaupten versuchten – „deutschen Agenten".

In dem Abkommen, das zwischen der deutschen Regierung und dem indischen Revolutionskomitee getroffen wurde, hielten die Inder fest:

„Die finanzielle Hilfe, die von der deutschen Regierung entgegengenommen wird, wird von den indischen Revolutionären als eine nationale Anleihe betrachtet werden, die zurückgezahlt werden soll, wenn Indien selbständig wird. Deutsche militärische Einheiten haben kein Recht, indischen Boden zu betreten. Das Recht und die Macht, über das Schicksal des selbständigen Indien zu bestimmen, liegt vollständig in indischen Händen. Deutschland wird der indischen revolutionären Bewegung mit Geld, Waffen und Munition beistehen und durch Entsendung deutscher Spezialisten, um bengalische Revolutionäre auszubilden."

Zwei weitere Voraussetzungen einer Zusammenarbeit zwischen den Achsenmächten und den indischen Revolutionären wurden von indischer Seite in den Berlin-Verhandlungen von 1914 klargemacht:

„Wenn unsere Revolution glückt, wollen wir eine sozialistische und demokratische Verwaltung errichten und die österreichisch-deutschen Mächte sollen dies auf keine Weise verhindern" und noch deutlicher:

„In Indien gibt es viele mächtige Prinzen. Falls einer von ihnen in Indien oder innerhalb seiner Staaten eine Monarchie zu errichten versucht, sollen die österreichisch-deutschen Mächte nicht ihnen, sondern uns helfen, eine Republik zu errichten, wie wir es wünschen."

Man kann sagen, dass die Ghadarpartei eine Niederlage erlitten hat. Aber aus dieser Niederlage wuchs teils eine starke volkstümliche und revolutionäre Bewegung in Indien heran, teils eine extrem nationalistische Bewegung.

Die indischen Soldaten, die unter japanischer Führung im zweiten Weltkrieg gegen die Briten in den Kampf zogen, trugen Savarkars Buch bei sich. Die Freiheitsbewegung schien den Kreis zu schließen. Savarkars Buch konnte sogar dem Faschismus dienen.

Um diese Doppeldeutigkeit der nationalen Revolte begreiflich zu machen, ist es notwendig, zwei Schritte zurückzugehen, um von daher eine Perspektive zu gewinnen.

Als Vinyaj Damodar Savarkar fünfzehn Jahre alt war, wurden seine Brüder aufgehängt. Sie hätten zwei britische Offiziere niedergeschossen, die auf dem Heimweg vom Regierungsgebäude in Poona waren, wo sie an den Feiern des Diamanten-Jubiläums von Königin Viktoria teilgenommen hatten.

Die Brüder Chapekar wurden aufgehängt und Vinyak Damodar Savarkar schwor, ihren Tod zu rächen, indem er die britischen Okkupanten aus Indien vertreiben würde.

Als er siebzehn war, bildete er seine erste politische Organisation – ihr Ziel war die politische Selbständigkeit Indiens und das Mittel war der bewaffnete Kampf. Die Quelle des Inspiration war Mazzinis 'Junge Italien'.

Damit wird alles einfach, klar, begreiflich.

Denn in Indien wie in Europa konnte aus der kleinbürgerlichen, nationalen Revolution sowohl die soziale Revolution als auch der offene Faschismus erwachsen. Die positive Rolle der Kleinbourgeoisie war kurz. Mazzinis 'Junge Italien' führ-

te einerseits zu den italienischen Partisanen im zweiten Weltkrieg und andererseits führten ihre Phrasen zu Mussolini. So konnte Savarkars Buch einerseits die Leute der Ghadarpartei zum Bewusstsein von der sozialistischen Revolution und zu 1
einer aufopferungsvollen Tätigkeit im Dienst des Proletariats führen und andererseits Savarkar selbst zu einer reaktionären hinduistischen Politik, und seine Gefolgsleute konnte es in die (unfreiwilligen) Werkzeuge des japanischen Faschismus verwandeln.

So einfach ist das; denn nichts ist einfach.

Aftonbladet 1. 11. 1970

Revolte oder Revolution oder ....

Im Jahre 1905 wurde der junge Brahmane und Schüler Rarendranath Bhattacharya aus Changripota in Bengalen von seinem Rektor verwarnt. Er las über Garibaldi und war bei einer politischen Versammlung in Kalkutta gesehen worden. Rarendranath Bhattacharyas Antwort war, eine öffentliche Versammlung vor der Schule außerhalb der Schulzeit zu organisieren. Die Behörden griffen ein. Narendranath Bhattacharya und sieben weitere Schüler wurden relegiert. Er war damals 18 Jahre alt.

In den nächsten zehn Jahren entwickelte er sich zu einer der führenden Gestalten in der bengalischen Terroristen-Bewegung: die militanten Nationalisten. Er entwickelte die Technik, Okkupationssoldaten mit einem harten Schlag hinter das Ohr niederzuschlagen (den Stock hielt man im Ärmel versteckt) und dann in der Menge zu verschwinden. Er führte subversive Tätigkeiten im 10. Jat-Regiment durch (die Briten waren gezwungen, es aufzulösen).

Er führte Konfiszierungen und Banküberfälle durch (und ihm gebührt die Ehre, den ersten motorisierten Überfall in Indien durchgeführt zu haben; die Beute betrug 18 000 Rupien von der Bird & Company). Seine Freunde und Genossen aus der Zeit erzählen von ihm, dass er durch und durch politisch war. Wenn er tötete, dann tötete er nicht aus Gefühl sondern aus politischer Notwendigkeit. Er war auch der einzige, der sich allen Ernstes mit dem Guerillakrieg auseinandersetzte, als dem einzigen Weg zur Befreiung; wo andere immer noch von Göttern und Gefühlen sprachen, sprach er von bewaffneten Verbänden und der Notwendigkeit, die britische Armee durch revolutionären Terror zu zersetzen.

Der britisch erzogene Rechtsanwalt Mohandas Karamchand (allmählich bekannt unter dem Namen Mahatma Ghandi) versprach den britischen Okkupanten jede Unterstützung, als 1914 der imperialistische Krieg ausbrach; der bengalische Terrorist Rarendranath Bhattacharya hingegen erhielt den Auftrag, für die Patrioten mit den Deutschen über Waffen und Munition für den Freiheitskampf zu verhandeln. Er war damals ein vertrauenswürdiger Führer.

Nach vielen und komplizierten Abenteuern landete er in San Franzisco als Vertreter der Befreiungsbewegung (laut Pass war er als junger katholischer Geistlicher – Vater Martin – auf dem Weg nach Paris wegen geistlicher Studien). Jetzt wurde er als M. N. Roy bekannt.

Das war ein seltsamer Name, im Guten wie im Bösen sollte er sehr großen politischen Einfluss erlangen. Ich denke nicht daran, seine Biographie zu schreiben. Die ist noch nicht geschrieben. Seine Selbstbiographie umfasst nur die Jahre 1914–21. Die wichtigen Ereignisse in China und die dunklen Jahre vor seinem Tod in Indien 1954 würden umfangreiche Untersuchungsarbeiten erfordern.

Er kam nach San Francisco, um gemeinsam mit der Ghadar-Partei Waffen für die Revolution in Indien zu besorgen. Er war Nationalist; als bengalischer Terroristenführer war er als heiliger Mann verkleidet (um die britischen Spione irrezuleiten) durch Indien gewandert, um die Überlebenden von 1857 aufzusuchen und von ihren Erfahrungen zu lernen. Sicherlich war sein Nationalismus revolutionär und militant, aber es war nicht die Militanz der sozialen Revolution.

In New York war M. N. Roy 1916 auf einer Diskussionsveranstaltung zwischen Nationalisten und Sozialisten. Es sprach der Führer der indischen Nationalisten in den USA Lala Rajpat Rai. Er behauptete, dass es sinnlos sei, davon zu sprechen, dass die Arbeiterklasse im Kapitalismus ausgebeutet würde, während gleichzeitig ein großes und zivilisiertes Land in kolonialer Unterdrückung gehalten würde. Es wurde eine harte Diskussion. Die Sozialisten fragten, wie die Nationalisten die Armut der indischen Massen zu beenden gedächten. Lala Rajpat Rai wich der Frage aus und antwortete:

„Das werden wir sehen, wenn wir Herren im eigenen Land sind."

Die Sozialisten fragten höhnisch, was es für die indischen Massen für einen Unterschied mache, ob sie von einheimischen oder fremden Imperialisten ausgebeutet würden. Lala Rajpat Rai wurde rasend und antwortete:

„Es ist ein großer Unterschied, ob der eigene Bruder oder ein ausländischer Räuber auf einem herumtrampelt."

In seiner posthumen Selbstbiographie schreibt Roy über diese Versammlung:

„Mir war sehr unbehaglich zu Mute. Irgendetwas stimmt nicht in unserem Denken. Plötzlich durchzuckte mein Hirn ein Blitz; das war ein neues Licht."

Dieses neue Licht führte M. N. Roy allmählich von den Nationalisten und dem individuellen Terror weg und hin nach Moskau und zur Komintern. Aber er vermochte niemals eine Antwort auf die Fragen zu geben, die die Sozialisten ihm in

New York 1916 gestellt hatten. Sein politisches Leben wurde zu einer Serie von Tragödien – nicht so sehr für ihn als für die politische Bewegung, der er zu dienen meinte.

Da die Fragestellung wichtig ist – auch für uns hier und heute – will ich ein paar Punkte aufgreifen. Es wird gewöhnlich behauptet, dass M. N. Roy für die Thesen der Komintern in der kolonialen und nationalen Frage verantwortlich war. Lenin soll sich seinen Argumenten gebeugt haben. In seiner Selbstbiographie schreibt Roy selbst:

„Er (Lenin) las das Dokument (Roys Zusatzthesen) mit dem größten Interesse und schlug gewisse Veränderungen vor ('some verbal alterations'), die ich sofort akzeptierte." Aber ging es wirklich nur um 'gewisse Wortänderungen'? Das Dokument ist ja inzwischen veröffentlicht worden. Wollen sehen (aus Platzgründen greife ich nur ein paar Kernfragen auf):

Kominterns II. Kongress 1920. Genosse M. N. Roys Zusatzthesen in der nationalen und kolonialen Frage: Roy:

„Die Quelle, aus der der europäische Kapitalismus seine Hauptkraft zieht, ist nicht mehr in den Industrieländern Europas zu finden, sondern in den kolonialen und abhängigen Ländern."

Lenin änderte:

„Eine der wichtigsten Quellen, aus denen der europäische Kapitalismus seine Hauptstärke zieht, ist in den kolonialen und abhängigen Ländern zu finden." Roy:

„Indem der europäische Kapitalismus die Massen in den Kolonien ausbeutet, ist er imstande, dem eigenen Proletariat ein Zugeständnis nach dem anderen zu machen."

Lenin änderte das Wort 'Proletariat' in 'Arbeiteraristokratie'; er fügte außerdem einen Absatz hinzu, indem er darauf verwies, dass die Kapitalisten die Niedriglöhne in den Kolonien ausnutzten, um die Löhne der Arbeiter in den kapitalistischen Ländern zu drücken. Roy:

„Die bürgerlich-demokratischen Bewegungen in den Kolonien zu unterstützen, würde bedeuten, das Heranwachsen eines Nationalgefühls herbeizuführen, das mit Sicherheit verhindern würde, dass das Klassenbewusstsein der Massen geweckt werden kann ..."

Lenin strich alles! Das sind keine 'Wortänderungen'; das sind zwei politische Linien in der Frage der nationalen und sozialen Befreiung.

Roy hatte seinen Nationalismus nur umgekrempelt; aber, was nur umgekrempelt wird, das bleibt sich gleich. Es ist daher nur folgerichtig, dass Roy 1857 als eine feudale Erhebung verurteilte.

Die Frage der nationalen Bewegungen und der sozialen Revolution, der Arbeiterklasse in den imperialistischen Ländern und der unterdrückten Massen in den abhängigen Ländern sind aktuelle Fragen. Viele Diskussionen (die Bestechungstheorie und der seltsame „links"-Kampf gegen die nationalen Bewegungen) hätten vermieden werden können, wenn man etwas sorgfältiger die historischen Erfahrungen studiert hätte.

In M. N. Roys Fall führte seine Zusammenarbeit mit Lenin nicht zu einer echten Verständigung. Lenins Hoffnungen in Roys Entwicklung sollten sich nicht erfüllen. (Es wurde ein ganz anderer Arbeitsgenosse in der damaligen Komintern, der einen großen Einsatz leistete – Ho Chi-minh.) Roys Unvermögen, die Frage der Nation anders als ein Bürger anzusehen, führte ihn schließlich dazu .... die westeuropäische

Gemeinschaft als die große Hoffnung zu betrachten. Denn die hatte ja mit dem Nationalismus 'gebrochen'.

M. N. Roys Entwicklung war nicht zufällig; es war nicht allein die Frage unterschiedlicher 'Abenteuer'. Er liefert selbst in seinen Memoiren den Schlüssel dazu:

„Konkret ausgedrückt – ich fühlte, dass ein Aristokrat, der sich intellektuell von den Vorurteilen seiner Klasse befreit hat, ein objektiverer und kulturell eher dionysischer sozialer Revolutionär sein könnte, als der klassenbewussteste Proletarier. Mit anderen Worten – die intellektuelle Aristokratie, die ja ein gemeinsames menschliches Erbe ist, war die einzige Kraft, die den Grund für eine wirklich neue soziale Ordnung legen konnte."

Hier zeigt sich ganz grell sein Klassenstandpunkt. In allen seinen Wandlungen, vom Nationalismus und individuellen Terror, bis zur Huldigung an die europäische Gemeinschaft .... bleibt Narendranath Bhattacharya ein Repräsentant der bengalischen Brahmanenbourgeoisie.

Er vermochte daher nicht die Befreiung durchzuführen, von der er einmal als junger (und gerade relegierter) Schüler geträumt hatte. Er war nicht das Heilmittel; er war das Symptom.

Mit diesem Artikel schließe ich für den Augenblick diese Serie über 1857. Das liegt nicht daran, dass ich kein Material habe. Das liegt nicht daran, dass ich nicht wüsste, was ich schreiben sollte. Das liegt nicht daran, dass die Zeitung verlangt hat, dass die Serie zu Ende gehen solle.

Aber ich wohne im Rucksack. Die Bücher sind über verschiedene Kontinente verstreut, ich ziehe von einer Stadt in die nächste, von einem Hotel in das nächste ... es gibt keine

Möglichkeit, das wichtige Material durchzuarbeiten, das Majumda und Chaudhuri ans Licht brachten und worüber sie im vergangenen Jahrzehnt gezetert haben.

Ich werde zu Ende schreiben, wenn ich wieder in meinem Arbeitszimmer bin. Man kann nicht einfach aus dem Auto springen, die Schreibmaschine öffnen und den Inhalt von G. H. Freelings Rapport aus Hamirpur erklären:

„... das entscheidende Moment an der Revolte ist gewesen, dass alle Bankiers, Banyias, Marvaris usw. von ihrem Grundbesitz vertrieben wurden, wie auch immer sie ihn erworben hatten."

Aftonbladet 8. 11. 70

Das Loyale Bild

Um vier Uhr dreißig nachmittags am 13. April 1919 bedeckten die britischen Kolonien und Protektorate ein Viertel der Erdoberfläche. Jedes vierte menschliche Wesen lebte im Empire. Und zu diesem Zeitpunkt traf Brigadegeneral Dyer in Jallianvalla Bagh in Amritsar im Punjab ein. Dort fand eine öffentliche Versammlung statt von Leuten, die gegen den britischen Raj opponierten. Einige sagen, es seien 6000 und andere sagen, es seien 10 000 Menschen gewesen. Brigadegeneral Dyer kam mit Panzerwagen und 50 Gewehren an. Er stellte seine Truppen auf dem erhobenen Gelände am Eingang zum Bagh auf, um ihnen ein gutes Schussfeld zu geben, und als er sie dort aufgestellt hatte, befahl er: „Feuer!“ Ohne jede Vorwarnung. Er wollte – wie er später sagte „den Terror nach ganz Punjab bringen“.

Die Entfernung betrug 100 Meter. Als die Truppen zu feuern begannen, sprangen diese Punjabis auf und schrien und rannten und fielen. Kleine Kinder brüllten und die ganze Masse von subversiven Elementen rannte wie Ratten herum. Aber es gab nur wenige Auswege und das Feuer hielt zehn Minuten an. Alles in allem 1650 Salven. Den Punjabis wurde eine Lektion erteilt. Man erzählt, dass 1000 Leute in nur 10 Minuten getötet wurden. Aber die Behörden des Empires meinten, es wären nur 500 ausgerottet worden.

Das war der Beginn einer neuen Phase im Kampf um die

nationale Befreiung in Indien. In den zwanziger und dreißiger Jahren des neunzehnten Jahrhunderts zeigten die verschiedenen Völker des damaligen Britisch-Indien, dass sie nicht Ratten sondern Menschen waren. Der Kampf um die nationale Unabhängigkeit ging weiter, bis das gesamte mächtige Empire in sich zusammengebrochen war.

Brigadegeneral Dyer kämpfte für die hohen Ideale des Empire. Diese Ideale waren es wert, verteidigt zu werden. 1912 bereits waren sie 176 000 000 £ wert und bis 1929 waren diese idealen britischen Einkommen auf 250 000 000 £ gestiegen. Während sich Armut, Hunger und Krankheit im gesamten Empire ausbreiteten, wurden die Herrscher reich, kultiviert und nett.

Aus diplomatischen Gründen – ein paar Asiaten in Afghanistan und Zentralasien machten Ärger – musste die Regierung ein Komitee einsetzen, um die Erschießungen in Jallianwalla Bagh zu verurteilen. Aber das House of Lords, wo die Herrscher ihr Herz dicht an der Börse tragen, lobte man den braven Brigadegeneral und Freund des Empire und schenkte ihm eine Börse von 20 000 £.

Am 15. April wurde über Amritsar der Ausnahmezustand verhängt. Nahe des Forts wurde ein öffentliches Podest zum Auspeitschen der Einheimischen errichtet. Das Peitschen wurde auf den Straßen ausgeübt. Und für die Straße, in der ein Europäer verprügelt worden war, erließ der Brigadegeneral eine 'Kriechorder'. Jedermann (jeder Nicht-Europäer natürlich), der diese Straße passierte, musste mit dem Bauch auf der Straße entlangkriechen.

Von diesem Augenblick an ist die Geschichte Südasiens die Geschichte, wie die Punjabis, die Bengalen, die Burmesen, alle die hunderte Millionen des Empire sich erhoben und den Herren trotzten. Es ist daher von Interesse zu fragen, wie die Schriftsteller und Künstler Englands diesen historischen Kampf für die Menschenwürde gegen die Knechtschaft 1 beschrieben.

Die Antwort ist sehr einfach und sehr kurz.

Sie beschrieben ihn gar nicht.

So weit ich weiß, beschrieb nicht eine einzige literarische Figur Englands (einschließlich derjenigen, die sich als 'links' bezeichneten) diesen Kampf unter einem anti-imperialistischen Gesichtswinkel. Da gibt es nur servile Diener, eingeborene Beamte, verwestlichte orientalische Gentlemen, 'sleeping dictionaries', intrigante Eurasierinnen, hinterhältige Hindus, dämliche Moslems und anständige – aber grausame – Leute aus den Grenzstämmen im Norden. Das englische literarische Bild von Südasien ist in den Clubs – nur für Weiße! – geprägt worden.

Man greife zu einem berühmten modernen Klassiker wie „A passage to India" von E. M. Forster. Seit 1924 ist er in über einer Million Exemplare verkauft worden. Aber lest ihn! Ein Roman voller Vorurteile ohne jede historische Perspektive. Professor Godbole ist eine typische Karikatur eines Hindu-Intellektuellen.

Englische Intellektuelle und europäische Intellektuelle im allgemeinen mögen es nicht, solche Dinge zu lesen. Sie nehmen ihre Zuflucht zur Literatur. Schließlich schrieb Forster einen großartigen Roman. Sie alle sagen es. Die bedeutenden Kritiker. Aber der Verkauf einer Million Exemplare dieses Buches bedeutete eine Million Traktate gegen die nationale Unabhängigkeit der Völker Britisch-Indiens jener Zeit. Forster versah den Imperialismus mit einem künstlerischen Feigenblatt. Schaut her! So endet sein Roman:

„Warum können wir jetzt nicht Freunde sein?' sagte der andere und umklammerte ihn leidenschaftlich. 'Ich möchte es. Du möchtest es.'

Aber die Pferde wollten es nicht – sie sprengten auseinander; die Erde wollte es nicht, sie hatte Felsen emporgeschichtet, zwischen denen die Reiter einzeln hintereinander hindurchreiten mussten; die Tempel, die Zisternen, das Gefängnis, der Palast, die Vögel, der Unrat, das Gästehaus wurden sichtbar, als sie aus der Schlucht herauskamen und Mau unter sich liegen sahen; sie alle wollten es nicht, sie sagten es mit hundert Stimmen: „Nein, nicht jetzt" und der Himmel sagte: „Nein, hier nicht."

Weybridge, 1924. Kipling war ehrlicher. Denn was trennte denn tatsächlich Leute wie Aziz und Fielding 1924? Der Himmel? Die Gebäude? Die Erde? Die Pferde? Das Schicksal? In ganz Indien saßen hunderte Patrioten ohne Gerichtsverfahren in den Gefängnissen. Sie waren von den Behörden auf Grund der verschiedensten Gesetzen, Gesetzesergänzungen und Paragraphen eingesperrt und deportiert worden. (In Bengalen war das alte Gesetz III von 1818 zur Deportation von „Terroristen" wieder zur Anwendung gekommen.) In ganz Indien protestierten die Menschen gegen das System der Einsperrung, Inhaftierung und Deportation politischer Aktivisten ohne Gerichtsverfahren. Der britische Raj horchte sorgsam auf diese Proteste und am 25. Oktober 1924 verordnete der Generalgouverneur die Zusatzverfügung zum bengalischen Strafrechtsgesetz. Die wichtigsten Punkte waren:

1. Verurteilung durch drei Kommissionsmitglieder statt

durch ordentliche Gerichte.

2. Beschränkungen – einschließlich Inhaftierungen – auf bloßen Verdacht.

3. Verhaftung und Durchsuchung ohne jede Ermächtigung.

In London saß eine Labour-Regierung an der Macht. Ihre Amtsperiode lief aus. Aber ihr gelang es, die glorreichen Traditionen der europäischen Sozialisten hochzuhalten, indem sie diese Verfügung erfreut sanktionierte. Europäische Sozialisten – wie die englischen Schriftsteller – taten ihre Pflicht. So viel zur Freundschaft von 1924.

Oder lest die „Burmese Days" von Orwell. Er war ein 'Linker'.

Der verschlagene orientalische Richter U Po Kyin, der auf typisch burmesische Art fett war,

„denn die Burmesen werden nicht schwabbelig und bekommen Hängebäuche wie weiße Menschen, sondern werden symmetrisch fett wie schwellende Früchte."

Die eingeborene Geliebte mit ihrer seltsamen und unergründlichen Art, Sexualität zu betrachten:

„Ma Hla May fuhr fort, Florys Schulter zu streicheln. Sie hatte niemals gelernt, so klug zu sein, ihn in solchen Momenten allein zu lassen. Sie glaubte, Wollust wäre ein Art Zaubermittel ..."

Der wohlerzogene Inder, der servile Dr. Veraswami:

„Es iss 'ne Tatsache, mein Freund, da iss 'ne sehr unangenehme Geschichte in Gange. Du wirst vielleicht lachen – es hört sich harmlos an – aber ich habe echt Ärger. Oder vielmehr, mir droht Ärger. Es iss 'ne unsichtbare Angelegenheit. Ihr Europäer werdet davon nie direkt etwas hören. An dem

Ort dort – und er deutete mit der Hand zum Bazar hinüber – da gibt es ständig Verschwörungen und Komplotte, von denen ihr nichts hört. Aber für uns steht sehr viel auf dem Spiel.“

Diese Stereotypen sind rassistisch, nicht rassisch. Dr. Veraswami spricht (‘da iss’) und handelt in einer seltsam vertrauten Weise. Hört mal:

„Ihr Gojim werdet davon nie direkt etwas hören. An dem Ort dort – und er deutete mit der Hand zum Ghetto hinüber – da gibt es ständig Verschwörungen und Komplotte, von denen ihr nichts hört. Aber für uns steht sehr viel auf dem Spiel.“

Das ist der osteuropäische Jude aus zahllosen rassistischen Anekdoten. Orwell zwingt ihn sogar, diese seltsame Sprache zu sprechen, die es nur in Büchern und Anekdoten gibt. Das wirkliche Jiddisch – ebenso wie das wirkliche anglo-indische Englisch – ist ganz anders und nur halb so lustig.

Das liefert den Schlüssel zu dem, was dieser Roman wirklich ist. Jenes Mädchen, Ma Hla May, ist keine Burmesin – sie ist eine Zigeunerin aus Galizien. Eine ganz typische. Ihr ganzes Betragen ist das eines Zigeunermädchens ... eines Zigeunermädchens einer ganz bestimmten Sorte. Der Roman, den Orwell schrieb, war nicht ein Roman über Engländer in Burma. Burma wurde nur als Lokalkolorit verwendet. Es war ein loyaler Roman über die Gefühl der herrschenden Rasse. Die burmesische Farbe war purer Zufall. Wenn es von einem SS-Mann geschrieben worden wäre, der Poesie dem Bier vorgezogen hätte (solche SS-Leute hat es ja wirklich gegeben), dann hätte der Roman im Zentralgouvernement gespielt. Aber das war nicht der Fall. Der SS-Mann blieb nicht lange genug in

Polen, um Zeit zu finden, solche Romane zu schreiben.

In den Jahrzehnten, in denen englische Romanciers derartige loyale Fiktionen schrieben, schrieben andere englische Schriftsteller über die wirkliche Situation in Indien und Burma. Orwell und J. S. Furnivall arbeiteten beide für die britische Kolonialregierung in Burma. Beide schrieben Bücher, 1
die den Anspruch erhoben, Burma zu beschreiben. Aber 'An Introduction to the Political Economy of Burma' von J. S. Furnivall, I. C. s. (Burma Book Club Ltd. 1931) unterschied sich von 'Burmese Days' von George Orwell 1924 darin, dass es wirklich die burmesische Situation beschrieb:

„Burma ist eher eine Werkstatt geworden als ein Staat, und das Volk und das Land von Burma werden, ebenso wie die Arbeiter und Maschinen in einer Fabrik, als Produktionsmittel für Reichtum betrachtet, statt als Ziel, für das Reichtum produziert werden sollte ... In diesem Licht besehen, ist der Nationalismus, der sich in Burma in den vergangenen Jahren so bemerkbar machte, der Ausdruck eines gesunden Instinktes, für die wirtschaftliche Wohlfahrt des Volkes zu arbeiten."

Dieses Buch war dem Volk von Burma dienlich; nützlich für diejenigen, die gegen den britischen Imperialismus für die nationale Unabhängigkeit kämpften. Nicht die Hautfarbe ist es, die die Ideologie des Schriftstellers bestimmt. In den zwanziger und dreißiger Jahren wurden viele Bücher in Englisch von Engländern geschrieben, die die Realitäten in Südasien und die Realitäten des Kolonialismus beschrieben und einen klaren anti-imperialistischen Standpunkt einnahmen. Aber die englischen Romanschreiber waren nicht in der Lage, etwas anderes als loyale Bilder zu produzieren.

Einige Leute werden natürlich sagen, dass diese loyalen

Bilder von Orwell hübscher sind als die Beschreibungen von Furnivall. Das ist wahr. Orwell hatte einen besseren Stil als Furnivall. Aber das ist kein Argument; es ist nur ein Wiederholen der Aussage, die ich gerade gemacht habe: Die Romanciers (Künstler) Englands waren nur in der Lage, loyale Bilder zu produzieren, zu einer Zeit, als das imperialistische System über die Völker Südasiens Tod und Verderben brachte.

Wie kommt das?

Nicht weil sie Engländer waren und die Engländer das Imperium beherrschten. Andere Engländer schrieben und kämpften gegen das teuflische System. Auch nicht, weil sie Schriftsteller waren. Schriftsteller englischer Sprache in den Vereinigten Staaten haben den Kampf gegen ihren eigenen Imperialismus aufgenommen seit Mark Twain und auch weiterhin. Viele deutsche Schriftsteller weigerten sich in den zwanziger und frühen dreißiger Jahren des 20. Jahrhunderts (und dann weiter in der Emigration), loyale Bilder des deutschen Imperialismus zu liefern. Französische Schriftsteller taten sich im Kampf für die algerische Befreiung hervor. Aber die englischen Schriftsteller waren nicht in der Lage, Britisch-Indien zu beschreiben.

Natürlich erwartete man nicht von ihnen, dass sie Britisch-Indien beschreiben würden. Schriftsteller haben eine Pflicht zu erfüllen. Sie müssen die brutalsten Realitäten in der Form von Schönheit und Fiktion ausdrücken wie die Politiker sie in Form der Ideologie und der politischen Anschauung ausdrücken. Der Kolonialismus konnte sich gerade deswegen so lange halten, weil eine Literatur existierte, die die erforderlichen erdichteten Bilder der kolonialen Ordnung schuf und weil die Führer der sozialistischen Parteien der imperialistischen Staaten eine solch verständige Haltung zur Ausbeutung der niedrigeren Ordnungen des Menschengeschlechts einnahmen. Sowohl die Romanciers wie die Labour-Parteien in England waren loyal. Ihre Loyalität war den Herrschenden des Empire tatsächlich nützlicher als die 1650 Salven, die Brigadegeneral Dyer in Amritsar abfeuern ließ.

Es gibt eine sehr einfache und soziale Erklärung für diese seltsame Loyalität. Britisch-Indien war der Schlüssel zum britischen Empire. Wäre einem der entrissen worden, wäre das gesamte Empire zusammengestürzt. Aber die einzig wirklich volkstümliche demokratische Bewegung im modernen England, die Chartisten-Bewegung, war besiegt worden. Von der Mitte des 19. Jahrhunderts an waren die Beherrscher Englands in der Lage gewesen, ihr eigenes Volk unterwürfig zu halten, indem sie ihm die Funktion von Folterknechten der Iren und Bengalen, der Punjabis und Burmesen und all der anderen gaben. Diese Kerkerknechte hatten kein besonders gutes Los. Sie waren arm. Aber sie wussten wenigstens, dass sie keine Iren oder Burmesen waren.

Als dieser Prozess gerade einsetzte, erschütterte die Indische Revolution von 1857 (die Meuterei, wie die Engländer sie vorzugsweise nennen) das Empire bis in seine Grundfesten. Von diesem Moment an war die englische Literatur unfähig, ein realistisches Bild von der Welt zu geben. Die Völker Südasiens sind zu seltsamen Bewohnern einer niedrigeren Welt geworden. 1851 war es für Ernest Jones – Chartist! – noch möglich gewesen, sein episches Gedicht „The Revolt of Hindostan“ zu schreiben. Und als diese Revolte 1857 tatsächlich eintrat, war er in der Lage, klar zu sagen, dass die Hindus Menschen sind; Arbeiter, Brüder der englischen Arbeiter:

„Ihre Sache ist die eure – ihr Erfolg ist indirekt auch eurer."

Aber nach 1857 wurde das, was die Chartisten so deutlich sahen, unsichtbar; wurde hinter ideologischem Nebel verborgen. Und selbst ein so brillianter junger kommunistischer Schriftsteller wie Ralph Fox war unfähig, sich dem Lawrence of Arabia zu entziehen. Seine 'Conversations with a Lama' stehen in der imperialistischen Tradition der Literatur von der Psychologie des Ostens' und sein 'Genghis Khan' ist voller Aussprüche wie diesem:

„Die eigentliche Idee der Veränderung, in der Form von Bereicherung, von Konzentration (im chemischen Sinn), die die Basis für die westliche Lebensauffassung darstellt, ist dem Asiaten fremd und unbegreiflich."

Ich greife Ralph Fox als Beispiel heraus, weil er nicht nur brilliant und Kommunist war, sondern weil er auch sein Leben für seine Ideale gab und in Verteidigung der Völker Europas gegen die faschistische Bedrohung bei Lopera in Andalusien im Januar 1937 fiel. Aber selbst er war unfähig zu sehen, was Ernest Jones in der Lage war zu sehen. So vernichtend war die Niederlage.

Der Imperialismus ist immer noch sehr gegenwärtig. Die Ideologien des Imperialismus machen es immer noch schwierig, ein realistisches Bild von der Welt zu entwerfen. Aber die Kämpfe der Völker Asiens, Afrikas und Lateinamerikas für die nationale Unabhängigkeit haben es uns erleichtert, den Umriss der Realität durch den ideologischen Nebel zu erkennen. Die Völker von China und Indien und Südafrika befreien uns in Europa von den unsichtbaren Ketten, in die wir geschlagen wurden. Das vietnamesische Volk hat nicht nur um seine eigene Befreiung gekämpft, sein Kampf ist auch für das Volk der Vereinigten Staaten befreiend gewesen. Die Kerkerknechte werden aus dem Gefängnis entlassen!

In Europa ist es heute – 1973 – für mich möglich, dies zu schreiben. Nicht nur die Worte zu schreiben, sondern auch die leise Hoffnung zu haben, dass sie gelesen werden können. Es ist möglich geworden. Aber niemand von uns hat einen Grund, sich den englischen Schriftstellern vor einem Jahrhundert überlegen zu fühlen. Unsere Wahrnehmung der einfachen Tatsache, dass die Hindus Menschen sind, ist ein Ergebnis der Marine-Meuterei in Bombay 1947. Als das Volk des Subkontinents sich selbst zu befreien begann, indem es zeigte, dass es zur Aufnahme des bewaffneten Kampfes bereit war, da befreite es auch die Intellektuellen in Europa von den unsichtbaren Ketten der imperialistischen Ideologie.

Dies ist kein automatischer Prozess gewesen. Vorurteile sterben nicht leichthin. Man muss nicht nach Bayern gehen, um den Ideologien der Vergangenheit zu begegnen. In meiner Zeit als arbeitender Intellektueller habe ich selbst die Erfahrung gemacht, welchen befreienden Einfluss die Kämpfe und Siege der Völker Asiens in ihrem Kampf zur Befreiung vom Imperialismus auf uns hier in Europa gemacht haben. Als die chinesische Volksbefreiungsarmee den Yangtse überschritt, da vertrieb sie auch die Idee, dass es eine „asiatische Psychologie“ und eine „europäische Psychologie“ gibt. Die Gegenoffensive in Korea und die Bilder von der flüchtenden, imperialistischen Soldateska halfen, die Ideologie von der „weißen Überlegenheit“ an der Wurzel herauszureißen. Die Tet-Offensive zeigte die Würde des Menschen gegen die seelenlosen Technologien der Ausbeutung. Die Kriege im Nahen Osten, der Kampf des palästinensischen Volkes um seine Heimat halfen uns in Europa, die während des 2. Weltkrieges bewusst geworden sind zu verstehen, dass der Rassismus nicht eine Frage von 'Juden und Herrenmenschen' ist. Rassismus ist eine Funktion von Unterdrückung.

Rassistische Ideologien können verwendet werden, um Juden und Palästinenser zu töten und zu deportieren. Deshalb ist es der Rassismus als solcher, den wir bekämpfen müssen. Die Entwicklung des Bewusstseins im europäischen Denken ist untrennbar mit den Befreiungs-Kämpfen der unterdrückten Völker verbunden. Nur so können wir, die Kerkerknechte aus dem Gefängnis herausbekommen!

(Übersetzt aus dem englischen Manuskript.)

Macht Ohne Ehre

Mittwoch, den 25, Oktober nachmittags um 4 Uhr kamen die Detektive O'Connor und Downie.

„Ihr Name ist François Joseph Hardy?" fragte O'Connor.

„Ja."

„Sie sind wohnhaft in der Hillard Street 17, East Malvern?"

„Ja."

„Sie sind der Verfasser des Buches 'Macht ohne Ehre?'"

„Ja."

So wurde in Melbourne, Australien der Verfasser Frank Joseph Hardy verhaftet und in das Stadtgefängnis überführt.

Der Roman „Macht ohne Ehre' ist einer der bedeutendsten Romane in Australiens Literatur. Eine breite soziale Epik, die die australische Gesellschaft von den frühen neunziger Jahren bis zum Ende der vierziger Jahre schildert. Um zu erklären, warum dieser Roman seinen Verfasser in das Gefängnis statt auf die Bestseller-Liste führte, muss man Literatur für das nehmen, was sie ist. Worte für Leser geschrieben. Worte, die Informationen vermitteln. Worte, die deshalb von den Herrschenden nicht als Kunst betrachtet werden können, sondern als etwas Böses, das ausgerottet werden muss.

Frank Joseph Hardy gehört zu den wenigen englisch sprachigen proletarischen Schriftstellern. Sein Stil erinnert an Kurt von Salomon. Dickens und Balzac waren seine Lehrmeister. An dem Roman 'Macht ohne Ehre' arbeitete er vier

Jahre. Der sollte die Einleitung für eine Serie von breit angelegten Romanen werden, die Australien so schildern sollten, wie Balzac Frankreich schilderte. Aber Australien 1950 war nicht Frankreich des Jahres 1850 und die Herrschenden duldeten nicht mehr so eine Literatur.

Denn Frank Hardy wagte sich an etwas, was beinahe niemand in moderner Zeit gewagt hat; mit den Mitteln eines breiten sozialen Realismus zu schildern, wie die Gesellschaft gelenkt wird und wie die Wirklichkeit hinter dem Vorhang der offiziellen Lüge aussieht. Es wurde zu einem der am meisten gelesensten Bücher in Australien. Die Leser erkannten endlich ihre Welt wieder.

Als Hauptperson hatte Frank Hardy eine echt Balzac'sche Figur geschaffen – John West. Ein Mann, der in dieser gnadenlosen Gesellschaft vom kleinen Verbrecher zum Gangster und schließlich zum Millionär und zur grauen Eminenz hinter dem Thron der Politik Australiens aufstieg. Sein Weg ging über Korruption, Verbrechen, Mord, zum Schweigen gebrachte Zeugen und gefälschte Dokumente. Und aus einer seiner Antworten stammt der Titel des Buches. Als der Bischof John West mitteilte, dass der Vatikan es nicht für passend hielte, ihm öffentlich eine Auszeichnung zuzuerkennen, schluckte er die Niederlage und meinte, 'Macht ohne Ehre' sei ihm lieber. Als Frank Hardy dies niederschrieb, änderte er den Titel des Romans aus 'Tintenfisch' in 'Macht ohne Ehre'.

John West wird zu einer übermenschlichen Figur. Genau wie Balzacs Figuren übermenschlich sind. Aber sein Leben spielt sich im zeitgenössischen Australien ab und in dem Buch wimmelt es von Nebenfiguren und Neben-Handlungen. Für mich wird Australien immer das Land sein, in dem

John West wirkte. So wie das Paris des 19. Jahrhunderts das Paris Balzacs ist.‘

Die Schwierigkeiten für John Hardy begannen bereits, als er an dem Roman schrieb. Seine Figuren schienen aus den Seiten herauszusteigen und zu Fleisch und Blut zu werden. Die Schurken, die er schilderte, verfolgten ihn in dunklen Gassen. Bedrohten ihn mit Mord und Totschlag. Als das Buch fertig war, fand sich kein Verleger. Kein Drucker wagte es zu drucken. Er druckte es selber auf einer Druckpresse. Keine Buchbinderei wollte es binden. Seine Freunde halfen ihm, es zu binden. (Mein Exemplar ist auch schludrig gebunden und fällt leicht auseinander, wenn man es aufschlägt.) Kein Buchhändler wollte das Buch verkaufen. Keine Zeitung wollte nur erwähnen, dass das Buch herausgekommen war. Die Journalisten, die dahintergekommen waren, dass das eine Story wäre – ein Schriftsteller, der ein Buch schreibt, druckt, bindet und verkauft, das dann niemand nennen wollte – wurden von den Chefredakteuren zum Schweigen verurteilt.

Aber das Buch wurde verbreitet und das Buch wurde gelesen. Die Hafenarbeiter, die das Buch lasen und ihre Wirklichkeit sahen, wurden in ihrer Freizeit Buchagenten. Am Ende konnten die Herrschenden nicht länger schweigen. Da gruben sie einen alten Paragraphen aus, der fünfzig Jahre nicht mehr in Anwendung gekommen war, über ‘verbrecherische Verleumdung’ (also nicht ‘Verleumdung’, denn dann hätte sich Frank Hardy ja verteidigen können; es war ein Roman und keine Dokumentar-Schilderung). Die Prozesse und die Gefängnisaufenthalte dauerten neun Monate, bevor Frank Hardy freigesprochen wurde. Diese Gerichtsprotokolle zu lesen, ist gespenstisch. Das Ganze war zu einer justiztechnischen Frage gemacht worden, bei der Frank Hardy nie die Gelegenheit gegeben wurde, sich in Sachfragen zu verteidigen. Um sich zu schützen, musste er zu jener Zeit in seinem eigenen Haus 'einen Einbruch' begehen, um sein Manuskript und seine Notizen beiseite zu schaffen, bevor die Gegner mit Hilfe des Gesetzes sie vernichten konnten. Damit die Polizei nicht im Verlaufe des Prozesses (also bevor ein Urteil gefällt wurde) alle Druckbögen zerstören könnte, mussten Hardy und seine Freunde ihren eigenen Vorrat 'plündern' und die Druckbögen an einem unbekannten Ort in Sicherheit bringen.

In dieser ganzen Zeit wurde niemals gesagt, worum es eigentlich ging. Vom sicheren Ort im Parlament aus schleuderten die vom Volk Gewählten ihre ungeheuren Anklagen gegen Hardy. Dafür, was sie im Parlament sagten, konnte sie ja niemand verurteilen, und sie wussten, dass ihre Worte verbreitet würden, ohne dass sie für das, was sie sagten einstehen müssten.

Aber nach und nach traten die australischen Schriftsteller und Kritiker zur Verteidigung von Frank Hardy auf. Sie sahen ein, dass es nicht um eine 'technische Frage' ging, sondern um das freie Wort. Nach und nach stellten sich auch Organisationen hinter ihn.

Nachdem er freigesprochen worden war, brauchte er zehn Jahre, bis er sich für ein neues Buch sammeln konnte. Und für das neue Buch, war es in Australien schwierig, einen Verleger zu finden. Von dem jungen Schriftsteller, der davon geträumt hatte, in einer Serie breit angelegter Romane das gesamte australische Panorama zu malen, war nicht mehr viel übriggeblieben. Er war von der Maschinerie zermalmt worden. Er war zu einem normalen und schlechten Schriftsteller wie alle die anderen geworden. Aber das Buch 'Macht ohne Ehre' bleibt einer der wichtigsten sozialen Romane unserer Zeit.

Betrifft: Das Pöbel-Phänomen

Heute werde ich nicht mehr seekrank. Ich bin weder auf der Ostsee oder der Nordsee seekrank geworden; nicht im Golf von Biscaya, noch auf dem Indischen Ozean oder im Chinesischen Meer. Es rollte, schlingerte und stampfte und es kam vor, dass mir unbehaglich zu Mute wurde und ich an Schiffe dachte, die im Monsum untergegangen waren, aber seekrank bin ich nicht mehr geworden. Aber vor 33 Jahren kotzte ich wie ein Reiher. Das war auf der MS Mathilda Thordén, die mit Kriegskonterbande von New York nach Petsamo war. Da wir keinen Geleitschutz bekommen hatten und da in Norwegen Kämpfe tobten und da die deutschen U-Boote auf dem Atlantik jagten, fuhren wir weit in den Norden hinauf. Wir liefen nördlich von Island in das Eismeer hinein. Es war schlechtes Wetter und das Schiff rollte und ich kotzte mich vorwärts über den Ozean.

Aber mitten in diesem übelriechenden Ekel, der mich umgab, griff ich nach einem Buch. Es war die Garden-City-Ausgabe von Mark Twains 'Favorite Works'. Das war ein dicker Band von mehr als 1200 Seiten. Das Meiste hatte ich schon gelesen. Mit 'Tom Sawyer' hatte ich gelebt, seit ich überhaupt anfing, Gedrucktes zu lesen. Und 'Huckleberry Finns Abenteuer' konnte ich in weiten Teilen auswendig. Als ich mich damals durch das Buch arbeitete, kam ich zu Mark Twains Schilderung der deutschen Sprache. Als ich dann zur Geschichte über die geschlechtlichen Beschwerden der deutschen Sprache kam, konnte ich mich nicht länger halten und ich fing an zu lachen. Da verschwand um mich herum der Ekel und als ich fertig gelesen hatte, ging ich auf das Deck hinauf und seither bin ich nicht mehr seekrank geworden.

Als ich einige Jahre später der mörderischen Tristesse der Oberschule in Bromma zu entkommen suchte, indem ich gefälschte Krankheitsbescheinigungen vorlegte, saß ich tagsüber in der Stadtbibliothek und las. Da ich nicht in die Schule zu gehen brauchte, solange man an die Bescheinigungen glaubte, konnte ich ja tagelang lesen, von morgens, wenn die Bibliothek öffnete, bis ich nachhause gehen musste, um mich am Mittagstisch zu zeigen. Dort gab es eine Mark Twain Ausgabe in fünfzehn Bänden. Damals begriff ich, dass Mark Twain ein sehr reicher Verfasser ist. Er umfasste das weite Feld von der Reportage bis zur Burleske. (Als jetzt seine nachgelassenen Schriften veröffentlicht wurden, erhielt sein Werk zusätzliche Dimensionen. Siehe z. B. die kritische Ausgabe von Mark Twains 'Which was the dream?', die John S. Tuckey 1967 herausgab.) Für meine politische Entwicklung hat er sehr viel bedeutet; er war der erste, der mir den Terror der französischen Revolution auf eine begreifliche und revolutionäre (anti-feudale) Weise erklärte. Er war ein revolutionärer Demokrat und anti-Imperialist.

Aber erst im Herbst 1944, als ich von der Schule losgekommen war und am 'Värmlands Folkblad' in Karlstad Arbeit gefunden hatte, begann ich amerikanische Literatur systematischer zu lesen. Ich benutzte Artur Lundkvists 'Diktare och avslöjare i Amerikas moderna litteratur' (Dichter und Enthüller in der modernen amerikanischen Literatur). Das war ein gutes Buch. Obwohl ich das, was er über Mark Twain schrieb, überhaupt nicht begriff. Das stimmte nicht mit dem Mark Twain überein, den ich gelesen hatte. Ganz allmählich begriff ich, dass Artur Lundkvist lediglich die Argumente Van Wyck Brooks übernommen und zu den seinen gemacht hatte.

Daraufhin las ich Van Wyck Brooks großes und berühmtes (und noch heute wieder und wieder und wieder herausgegebenes) Buch 'The Ordeal of Mark Twain' (Die Prüfung Mark Twains). Das war ein Elend! Psychologie und Psychologisieren, aber vollständiger Mangel an Wissen und literarischem Interesse. Eigentlich konnte Brooks Mark Twain nur nicht leiden, fand ihn misslungen und langweilig und meinte, dass sein Ruhm nur ein Pöbelphänomen wäre und dass er für 'reife Geister' nichts sei und dass Arnold Bennet völlig Recht gehabt hätte, als er betont hatte, dass Mark Twain kein Künstler gewesen sei. (Dass der hölzerne Bennet, der niemals weniger als 1000 Worte täglich schrieb, eine gültige künstlerische Kritik an Mark Twain formulieren könnte, war übrigens eine solch barocke Idee, dass sie nur von jemand wie Brooks akzeptiert werden konnte.)

Van Wyck Brooks hatte es durch seine Unfähigkeit, Literatur zu lesen, fertiggebracht, ein so unmögliches Buch über Mark Twain zu schreiben, dass er auf einen Schlag gelehrt und erfolgreich wurde und sein Klettern auf den Posten eines Fredrik Böök der Vereinigten Staaten beginnen konnte.

Books Buch löste eine Diskussion aus. Die einen schrieben dies, die anderen schrieben jenes. Das wurde zu einer großen literarischen Fehde, die in der Geistesgeschichte der USA einen breiten Raum eingenommen hat. Die ist immer noch in Gange. Jetzt auf noch höherer Ebene. Jetzt diskutiert man die Diskussion.

Das Merkwürdige ist nur, dass während alle diese mehr oder weniger radikalen Akademiker und Kritiker diskutierten, inwieweit Mark Twain ganz oder nur teilweise versagte und dieses Versagen das Ergebnis eines Kindheitstraumas war oder in seinem großen sozialen Zusammenbruch gesehen werden muss, wurde Mark Twain von Millionen und aber Millionen Menschen gelesen. Das Volk las Mark Twain und die Kritiker lasen gegenseitig ihre Theorien darüber, warum Mark Twain versagt hatte.

Das war nichts Neues. Die Kritiker mochten Mark Twain von Anfang an nicht leiden. Sie fanden ihn pöbelhaft und vulgär. Und nicht einmal die anständigen radikalen Kritiker konnten den lebenden Mark Twain richtig akzeptieren. Van Wyck Brooks und seine Nachbeter standen lediglich in der Tradition der gebildeten Akademiker. Mit dem Unterschied, dass es für sie sowohl ungefährlicher als auch lohnender war, den toten Mark Twain als unlesbar zu erklären, als es für die Vorgänger gewesen war, auf Mark Twain herumzutrampeln. Mark Twain hatte sich ja verteidigt; er hatte seine Kritiker gründlich durch den Kakao gezogen.

Natürlich gab es auch Literaturkritiker, die über Mark Twain vernünftig geschrieben haben und die seine Lesbarkeit einsahen. Es gab mehrere. Mehrere, nicht die meisten.

Das Phänomen ist nicht spezifisch für die Vereinigten Staaten. Das ist typisch. Ich hätte ebenso gut eines aus Frankreich, Deutschland oder Schweden heranziehen können.

Der größte Teil der Literaturgeschichte und der Literaturkritik, die an den Universitäten geschrieben wird, ist ebenso schlecht wie das, was Van Wyck Brooks schrieb. Das Schlechte bringt eine Karriere ein. Forschungsstipendien. Dozenturen. Professuren. Schlechte Theorie macht sich bezahlt.

Es ist ja auch keine große Kunst, Karriere zu machen. Das erfordert nur Fleiß und guten Willen. Für den, der das Notwendige tun will, ist eine ganze Menge mehr erforderlich. Es ist auch sehr zweifelhaft, ob eine solche Arbeit irgendwelche akademische Sicherheit mit sich bringt.

Carl Jonas Love Almqvist und die Bedeutung der Schwedischen Misere

Folke Isaksson hat durch seine Auswahl einen bedeutenden Beitrag geleistet, um Almqvist seinen wirklichen Lesern wiederzugeben ('Det går en åska genom tidevarvet' – Ein Donner rollt durch das Zeitalter von Carl Jonas Love Almqvist: Pamphlete und Polemik in einer Auswahl von Folke Isaksson, PAN 1972) Und der Almqvist, der hier zu den Lesern spricht, ist nicht nur ein großer schwedischer Schriftsteller. Er ist ein europäischer Intellektueller aus der Zeit, als sich aus den Ideen der großen französischen Revolution die Notwendigkeit der sozialen Revolution zu entwickeln begann.

Es ist eine Auswahl und die Auswahl wird durch ihren Untertitel festgelegt: 'Pamphlete und Polemik'.

Die Texte sind politisch und umfassen die Periode bis zur Revolution von 1848. Der Almqvist, der sich in dieser Auswahl zeigt, ist der geduldig aufklärende Revolutionär; ein Europäer des Jahres 1848.

Literaturhistoriker und Literaturkritiker zeigen oft Anzeichen von Unruhe, wenn sie merken, dass ein Verfasser mehr als zwei Dimensionen hat. Die hätten ihre Verfasser-Exemplare gerne wie in einem Herbarium; hübsch gepresst und sauber etikettiert.

Als Almqvist 'Det går an' (Es geht los) schrieb, da schrieb

er einen Roman; der in der schwedischen Literatur bis hinein in die achtziger Jahre einsam dasteht. In den von Folke Isaksson ausgewählten Pamphleten und Polemiken diskutiert Almqvist die großen Fragen seiner Zeit; und die Zeit, in der er diskutierte, ist unsere Zeit, hier und heute. Er baut auf den Traditionen der Aufklärung auf; er knüpft an die großen Denker (unsere Vorgänger) seiner Zeit an, an Saint-Simon und Fourier, und geht dann weiter.

Er ist schöpferisch revolutionär, denn er bewegt sich innerhalb dieser unserer großen Tradition. Folke Isakssons Auswahl ist noch unter einem anderen Gesichtspunkt bedeutungsvoll; als Beitrag zum Verständnis von Folke Isaksson eigener Dichtung und Arbeit. Es ist kein Zufall, dass gerade Folke Isaksson Almqvist zurückerobern möchte.

Als der parteilojale Schreiberling Olle Svenning Folke Isaksson angriff, weil er den Text für das Buch 'Dom svarta' (Die Schwarzen) geschrieben hatte, hörte sich das folgendermaßen an:

„Es heißt 'Die Schwarzen' und handelt von Gießern. Der Verfasser ist Folke Isaksson, der seit 20 Jahren Sozialist ist und erst jetzt entdeckt, dass es hinter den Fabriktoren ein Leben und Menschen gibt. Das Buch enthält auch schöne Fotos von Jean Hermansson. Der Preis beträgt 36 Kronen und der Verlag heißt, natürlich, Bonniers. Heute macht es sich bezahlt, Bücher über Arbeiter herauszugeben.

Es gibt viele Gründe, zuweilen richtig in Wut zu geraten über das, was wir in Ermangelung eines besseren Ausdrucks 'Arbeitsplatzjournalismus' nennen, womit sich Lidman (Olle Svenning meint Sara Lidman. J. M.), Isaksson und jetzt auch 'Expressen' beschäftigen.

Es dreht sich um Verfasser, mit Ausnahme vielleicht von Lidman, die in einer Art akademischem Land der Glückseligkeit gelebt haben, die kleine, hübsche naturlyrische Gedichte geschrieben haben und ausgeklügelte Weltanschauungsprobleme diskutieren und sich häufig zur alten liberalen Tradition bekannt haben.

Bei der zunehmenden Debatten-Konjunktur hier im Lande haben sie gemerkt, dass es an der Zeit ist anzufangen, sich für die Arbeiter zu interessieren... „ (Fabrikarbetaren, Nr. 2, 1976)

Olle Svennings Beitrag ist nicht nur ein Zeichen dafür, welche Vorstellung Parteikarrieristen innerhalb der SAP (schwedische Sozialdemokratie) von den 'Intellektuellen' haben und wie sie die Motive 'der Verfasser' mit den dürftigen Kategorien der Parteibürokratie interpretieren: 'macht sich bezahlt' und 'bei der zunehmenden Konjunktur an Debatten ... haben sie gemerkt, dass es an der Zeit ist anzufangen, sich für die Arbeiter zu interessieren.' Svennings Beitrag ist vor allem deshalb interessant, weil er die gesellschaftsbewahrende Rolle aufzeigt, die von der offiziellen Literaturkritik gespielt wird.

Sie hat Folke Isaksson als eine Hummel aus den fünfziger Jahren dargestellt. Ein verbindlicher Mensch. Ein freundlicher Mensch. Friedlich summend. Diese Darstellung wird dann von Svenning als Waffe gegen den Isaksson gebraucht, dessen Worte anfangen, für Svennings Kollegen in dem Unternehmen Arbeiterbewegung, besonders jetzt zu den Zeiten der Arbeitslosigkeit, gefährlich zu werden. Mit Unterstützung der bürgerlichen Kritik kann Svenning einen plötzlich zersplitterten, gespaltenen und schizophrenen Isaksson konstruieren.

Denn als man Folke Isaksson wie eine Pflanze fürs Herbarium gepresst hatte, konnte man die Einheit in seiner Arbeit auflösen. Unter der Rubrik 'Der Dichter Isaksson' gab es für den wirklichen Isaksson und seine Diskussion herausfordernde Prosa der fünfziger Jahre keinen Platz mehr. Was er in Form von 'Pamphleten und Polemik' geschrieben hatte, war unterschlagen worden und Svenning konnte von ihm als von einem 'Verfasser' (sprechen), der in einer Art akademischem Land der Glückseligkeit gelebt hatte.'

Das Problem ist nicht, dass man die Prosa fallengelassen und die Poesie übrigbehalten hatte und aus dem ganzen Isaksson der halbe Isaksson geworden war. Sondern es dreht sich um ein wesentlich ernsteres Problem. Die Herbariumsbehandlung, der Isaksson ausgesetzt wurde – die schwedischen Verfasser einer solchen Behandlung zu unterwerfen, gehört nun mal zu den Aufgaben der offiziellen schwedischen Literaturkritik – drückt eben auch die Poesie platt, und klebt ihr dann ihr Etikett auf. Auch die Worte der Poesie gewinnen ihren vollen Wert erst dann, wenn der Verfasser ein Ganzes wird; dann sprengen sie die einfachen Pressmethoden der Literaturkritik und gewinnen ihre Dimension von Zeit und Raum – der sozialen Zeit – zurück.

Isakssons Almqvist- Auswahl wird damit auch zu einem Aufräumen mit dem traditionellen Bild seiner eigenen fünfziger Jahre; eine Wiederherstellung des ganzen 'Dichters Isaksson'. Und das war auch der Clartéist (Clarté = wichtiges theoretisches Studentenorgan, früher revisionistisch, heute 'marxistisch-leninistisch'. D. Ü.], der Sozialist und der politische Streiter Isaksson., der in seinem Debut-Gedichtband 'Vinterresa' (Winterreise) 1951 das Gedicht 'Almqvist' publizierte:

> Des Sommers Uhr läuft ab
> der milde Schein
> klingt mit rosa schmerzender linkischer Gebärde
> des Sommers Schein gießt Milde seinen stillen Saft
> über den Tumult der Sprache über zerzaustes Kauder
> welsch
> und die Linnea schmiegt sich in seine Hand
> tropft aus allen Fingern
> flüstern die scheuen Träume
> und sein Echo unterbricht das Gespräch der Berge
> der Tod entschlummert
> bis zum nächsten Tumult.

Im Monat Juli 1951 erhielten die fünfziger Jahre ihre Portalfigur. Gegen Ende der Spielzeit wurden 14 Vorstellungen von Almqvists 'Amorina' in der Inszenierung von Alf Sjöberg auf der kleinen Bühne des 'Dramaten' gegeben.

Vilgot Sjöman hat die Vorstellung als 'einen Trompetenstoß' und als 'ein Signal für Almqvist' bezeichnet und in seiner Übersicht über das Theaterjahr schrieb er im 'Almanack för Alla' 1952:

„ ... als Jagdsignal von fern aus den verträumten Eichenwäldern der schwedischen Neuromantik, über ein ganzes Jahrhundert hinweg: ein Signal für Almqvist. Und so wurden die Zuschauer unter die verzauberten Baumkronen geführt, über einen jungfräulichen Waldboden, auf den die Meisten wohl niemals ihren Fuß gesetzt haben – und welch eine Poesie strömte nicht unter diesen dunklen Gewölben hervor, wie kühle quellreine Luft. Das war eine nie zuvor aufgeführte 'Amorina', und das war die Sensation der Spielzeit ..."

Aber in diesem Trompetenstoß in den schwedischen fünfziger Jahren des zwanzigsten Jahrhunderts gab es Töne, die erklären, warum gerade der Clartéist Isaksson nach der Vorstellung das Gedicht 'Almqvist' schrieb. Vilgot Sjöman schreibt:

„ ... 'Amorina' ist eigentlich ein Jugendwerk in Almqvists Produktion, wurde aber 20 Jahre später von dem erwachsenen Almqvist überarbeitet – man nimmt an, dass die scharfen, skeptischen Szenen von dem reifen Almqvist noch verschärft wurden; er trat ja gleichzeitig mit 'Es geht los' als radikaler Ehe- und Gesellschaftskritiker auf. Und vielleicht hat der Umstand, dass das Werk bereits vom Dichter selbst bearbeitet vorlag, die notwendige Neuredigierung erleichtert. Spricht man dann davon, wie modern Almqvist ist, wie viel an dem, was man sah, als modern empfunden wurde, so hat man in aller Kürze auch davon gesprochen, an wie vielen Punkten man mit dem Dargebotenen direkten Kontakt spürte. Dann hat man auch gleichzeitig das Richtungsweisende an Almqvists Gedanken unterstrichen, die nach wie vor aktuellen Bezüge ..."

Im Vorwort zu seiner Auswahl präzisiert Folke Isaksson seine Auswahlmethode:

„Das Bild lässt sich natürlich verschieben. Die Akzente können anders gesetzt werden. Carl Jonas Love Almqvist kann dem Halbdunkel entrissen werden."

Aber diese Akzentverschiebung, dieses Wiederherstellen der Worte, bringt es auch mit sich, dass Folke Isaksson die anderen, reicheren und wirklicheren fünfziger Jahre zurückerobert.

Indem er Almqvist befreit, befreit er auch eine große Zahl Verfasser seiner Generation und gibt ihnen ihren historischen Bezugspunkt zurück. Es ist nicht zufällig, dass Folke Isaksson die Leser auf Kurt Aspelins 'Ur vårt svenska kulturarv' (Aus unserem schwedischen Kulturerbe): Carl Jonas Love Almqvist' verweist, ein Werk, das 1954 herauskam und das sowohl bezweckte, das wirkliche Almqvist Bild wiederherzustellen, und tatsächlich seine Wirkung in den Debatten der fünfziger Jahre tat. Die Rückeroberung von Almqvist ist Folke Isakssons Rückgewinnung seiner eigenen Ganzheit. Der Almqvist, der in Folke Isakssons Auswahl in Erscheinung tritt, ist ein europäischer Intellektueller, der in seiner Zeit wirkte. Aber er ist ein Intellektueller, der auf ganz besondere Weise verwundet wurde.

Ich schreibe „verwundet“, ich schreibe nicht 'verfallen'. Eine lange Reihe schwedischer Literatur-Historiker hat über Almqvists 'Verfall' geschrieben. Aus meiner Schulzeit erinnere ich mich Hjalmar Alvings Schlusszeilen über Almqvist in der 'Svensk Litteratuhistoria' (Stockholm 1935, S. 360):

„Wenn wir seine Dichtung beurteilen, mögen wir uns des alten Satzes erinnern, dass Gott selbst auf gesprungenen Instrumenten schöne Melodien spielen kann.“

Almqvists Verfall ist, so schreibt man, moralischer Art. Almqvist war moralisch verfallen. Zuweilen wird das noch in Zusammenhang damit gebracht, dass er der Fälschung und des Diebstahls (und vielleicht sogar Mordes) verdächtigt wurde.

Aber Fälschung und Diebstahl sind ja keine Taten, die besondere moralische Indignation wecken müssen. Zumindest, wenn man Harald Elovson Glauben schenken will:

„ ... er nahm Lebensgewohnheiten an, die eine große Verschuldung mit sich brachte ... Er rettete sich aus seiner schwierigen Situation, indem er die damaligen Kreditmöglichkeiten ausschöpfte und sich mit Hilfe von Schuldscheinen eine Reisekasse verschaffte, wobei er die Namen der Bürgen selbst einzeichnete. Er begab sich .... zuerst nach Hamburg, dann nach London ...“ (Svensk Uppslagsbok, Bd. 25, S. 897)

Das wurde allerdings nicht über Almqvist geschrieben. Das wurde über Gunnar Serner, alias Frank Heller, geschrieben. Ein Mann, der Mussolini bewunderte und nachweislich Fälschungen begangen hatte, der aber ein anständiger Mensch war, über den zu sagen, dass er moralisch verkommen war, strafbar wäre (Verleumdung von Toten). Ein Mann, von dem man sagen muss, dass er ironisch und geistreich und köstlich und phantasievoll und kultiviert war.

Nein, es ist nicht Almqvists mögliche Unterschlagung, die einen anständigen Literaturkritiker wie Henry Olsson bewegt, zwischen Almqvists Verzweiflung eine moralisch verurteilende Parenthese einzuschieben:

„Das Schwerste von allem für einen Mann mit einem Anliegen wäre doch, ‘in die Schere seines Schicksals zu geraten’ (der Gedanke an irgendeine Eigenverantwortung scheint ihm niemals einzufallen): So lasst mich sterben, lieber als namenlos zu leben. /Ich vertrage nicht, wie ein farbloser Schatten zu schweben / über die Erde – ein schwaches, verächtliches Zwischending.’ Wieder und wieder überfallen ihn Selbstmordgedanken ...“ (Törnrosens diktare, S. 203 . Kursiv von mir, J.M.)

Diese moralische Empörung ist eine merkwürdige Empörung. Sie schlägt einem in dem ansonsten so ruhigen Text von Henry Olsson ganz plötzlich entgegen. Es ist, als hätte ihn Almqvist plötzlich zutiefst beunruhigt. Das ist eine Unruhe, die Almqvist leicht bei seinen Historikern hervorruft. Es ist, als würde er in tief verborgenen Schichten Erdbeben erzeugen.

Ein so besonnener Forscher wie Schück gab noch 1930 folgendes abschließende Urteil zum Besten:

„In unserer Literatur war er daher am ehesten mit einem Meteor vergleichbar, leuchtend mit einem ungewöhnlichen Glanz, mit einer Explosion erlöschend, ohne aber – im großen und ganzen – irgendwelche Spuren zu hinterlassen." (Schuk-Warburg, Bd. 6, S. 374)

Viele schreiben über Almqvists Syphilis. Bei Schück-Warburg lautet diese Beschreibung alttestamentarisch:

„In Paris zog er sich eine schwere Krankheit zu, Lues, die sicherlich nicht ohne Bedeutung für sein künftiges Leben war. Zuerst schlug sie ihm auf die Augen und wurde für seine Verfasserschaft in der ersten Zeit sehr hinderlich. Aber noch wichtiger dürfte die moralische gewesen sein, die diese Krankheit auf ihn hatte. Gewiss hatte er immer in Opposition zu den herkömmlichen Moralbegriffen gestanden, aber diese zuvor eher theoretische Opposition entwickelte sich nun zu etwas, was man moral insanity nennt." (S. 353)

Ja, man weiß, dass Almqvist eine Augenkrankheit hatte. Von der er auch geheilt wurde. Aber diese Syphilis, das ist eine Erfindung der Literaturgeschichte. Ob Almqvist Syphilis hatte, wissen wir nicht. Aber es hört sich natürlich majestätisch an, das mit Paris (schlechte Frauen und schlechte Lebensgewohnheiten), moralische Opposition, angefressene

Nerven, moral insanity. (Ein so kluger Kerl wie Kurt Aspelin sprach übrigens noch 1961 über Almqvists Syphilis in der Einleitung zu 'Hvad är en tourist?').

Aber es gibt außer der Syphilis noch andere literaturhistorische Erklärungen dafür, dass Almqvist so dachte, wie er dachte. Böök ist typisch:

„Fragt man sich, was Almqvist eigentlich als die Ursache für die Gärung in der Welt betrachtet, so kann man beim besten Willen der Welt nicht finden, dass es eine andere Erklärung gibt als seine eigene unglückliche Ehe.“ („Svenska Litteraturens Historia – Den romantiska tidsåldern', Stockholm 1919, S. 322)

Der Hjalmar Alving aus meiner Schulzeit gab 1935 dieselbe Erklärung:

„Dass er bei allem und jedem seine eigene Unzufriedenheit mit der Europas verwechselte, ist offensichtlich.“ (S. 359)

Seine Ehe mit seiner Maria war kompliziert; aber so weit ich das aus Briefen und Dokumenten entnehmen kann, war sie nicht komplizierter als Ehen nun mal zu sein pflegen. Ich kenne eine ganze Reihe von Literaturhistorikern mit bedeutend komplizierteren Familienverhältnissen, ohne dass ich das als Erklärung für deren Schriften heranziehe.

Die bürgerlichen Literaturhistoriker scheuen stur den einfachen Gedanken, dass Almqvist ein Intellektueller war; ein Mann, der dachte. Zumindest für mich ist es ein ganz einleuchtender Gedanke, dass Almqvist tatsächlich eine korrekte Analyse von seiner Situation als Intellektueller lieferte, als er in einem Brief an J. A. Hazelius im Herbst 1844 schrieb:

„Kann irgendjemand anständiger, freundlicher und liebenswürdiger in seinem Umgang sein als Du? Aber sobald das Gespräch zu einem raisonnement wird oder irgendeines der politischen oder vielmehr vitalen Themen berührt, gerätst du derart in Rage, wenn du nur das kleinste Wort hörst, das Deiner Meinung nach subversiv klingt. Du gehst derart hoch, dass Gründe unmöglich bei dir Gehör finden können, wie immer es auch sonst ausgehen mag. Nun bin selber eine Person, die alle Achtung hat vor Enthusiasmus, Wärme, Verärgerung, Zorn angesichts scheußlicher und infamer Dinge. Aber sobald es darum geht beisammenzusitzen, um zu sprechen, zu überlegen, zu untersuchen – dann müssen es Gründe und begründete Gedanken sein, die zur Sprache gebracht werden, weil anders das Gespräch unmöglich vernünftig sein und zu irgendwelchen Ergebnissen führen kann ... Was mich angeht, so werde ich, sobald sich in einem Gespräch Erregtheit zeigt, von Natur aus sofort kalt, verschlossen, stumm wie ein Fisch: mit Ausnahme vielleicht von einem einzigen Mal, da ich angesteckt worden bin und mich mit einem Ausbruch von meiner Seite vergangen habe; so etwas dürfte aber, genau genommen, äußerst selten vorkommen. Meistens fühle ich mich bei Erörterungen bei denen sich Erregung bei meinem Gegenüber zeigt, unbeschreiblich düster und bekümmert, schaue zu Boden, sage nichts oder wenig; breche das Gespräch ab, sobald es zum Stillstand kommt, und versuche auf Alltäglichkeiten zu kommen ... Betrachtete man die Sache in Ruhe, so erscheint dies mein Auftreten sowohl billig als auch vernünftig. Aber ein Gesprächspartner, der zufällig selbst hitzig geworden ist, sieht die Sache natürlich nicht ruhig ... Eine schweigsame, kalte Verschlossenheit bei einer Person inmitten des stürmischen Getöses der anderen, gibt ein ziemlich hassenswertes dämonisches Bild ab; aber wenn das nicht sehr wahrscheinlich ist, so deutet man sein Schweigen als verbissene, zornige Sturheit oder als List, Falschheit und Hinterhältigkeit ..."

Nichts von dem, was ich von Almqvist und in den Dokumenten über ihn gelesen habe, widerspricht dieser Schilderung von Almqvists Tragödie, als die Situation eines erwachsenen und vernünftigen Menschen in einer Gesellschaft, die stur und beharrlich das raisonnement als Bedrohung auffasst.

Noch 1972 beschreibt ein Literaturhistoriker wie Hans Lindström Almqvist so, dass es klingt, als wollte er Almqvists Darstellung über die wahrscheinlichen Reaktionen des Gesprächpartners exemplifizieren:

„Der Veränderung Almqvists liegen mehrere Ursachen zugrunde. Persönliche Enttäuschungen und psychische Depression ließen wieder seine alten Verfolgungsideen aufleben und sein Hass auf die bestehende Gesellschaft beginnt wieder zu wachsen ...

Der moralische und ökonomische Verfallsprozess erreichte 1851 seinen Höhepunkt, als Almqvist außer Landes gehen musste."

(„Allmän och svensk litteraturhistoria", Teil 2, S. 223 und 225-226)

Es gibt jedoch noch eine andere Tradition in der schwedischen Literaturgeschichte, eine, die nicht Almqvists Denken als eine Folge von Syphilis oder Eheschwierigkeiten deutet, sondern Almqvists Denken als intellektuelle Arbeit deutet; eine Arbeit, die natürlich auf der Arbeit anderer intellektueller Denker aufbaut. Johan Mortensen drückt es auf vorbildliche Weise in „Från Aftonbladet till Röda Rummet" aus:

„Um den Inhalt und die Bedeutung dieser für seine Zeit

äußerst interessanten und revolutionären Arbeit (‘Es geht los!, J.M.) richtig zu verstehen, ist es notwendig zu untersuchen, auf welchen Wegen Almqvist zu seiner Theorie gelangt ist. In Kürze lässt sich diese Frage so beantworten, dass sie teilweise auf literarischen Einfluss, teils auf eigene Lebenserfahrung zurückging. Aber Almqvists Theorie ist keine isolierte Erscheinung. Sie stellt nur einen besonderen Punkt in einer Ideenentwicklung dar, und in der zeitgenössischen Literatur finden sich bestimmte Vorbilder für verschiedene seiner eigenen Gedanken. Um den Platz seiner Ansichten in der Kette zu finden, müssen wir in die Anfangszeit der Bewegung zurückgehen.“ (S. 146-147)

Hier liegt der Hund begraben! Und hiermit lassen sich die seltsame Unruhe erklären und die komischen Eruptionen, von denen anständige Literaturforscher heimgesucht werden, wenn sie sich mit Almqvist beschäftigen. Von seinen Arbeiten geht die süße Verlockung der Vernunft aus. Er argumentiert. Um nochmals Mortensen zu zitieren, der ein kluger Kerl war:

„Bereits zu Anfang seiner Lebensbahn stand er mitten in den revolutionären Stromschnellen, die seit hundert Jahren durch die europäischen Gesellschaften brausten, mal kräftig fortspülend, mal langsam die letzten Reste der alten Feudalgesellschaft untergrabend, arbeitete er sich zu einer Anschauungsweise durch, die von der seiner Zeit völlig verschieden war. Seine letzte Erzählung in den dreißiger Jahren bezeichnete den Durchbruch des Realismus in der Prosadichtung. Einerseits ist er die direkte Fortsetzung von Thorild und seiner zu früh unterbrochenen Tätigkeit, andererseits nimmt er die revolutionäre Dichtung der achtziger Jahre vorweg.“ (S.163)

Man kann sich fragen, was so beunruhigend und so

angsteinflößend für schwedische Literaturhistoriker im allgemeinen sein könnte, sich einer so einfachen und so selbstverständlichen richtigen Ideen- und literaturhistorischen Auffassung anzuschließen. Aber dann vergisst man, was Schweden ist. Was nun mal ist und bleibt, was es war.

In verschiedenen Tonarten teilen uns unsere Literaturhistoriker mit, wie schrecklich es ist, dass Almqvist radikal wurde. Wie schrecklich für die Karriere. Beispiele gibt es genug. Aber ich wähle Schück-Warburg, weil dort die alt-professorale Erfahrung am deutlichsten spricht:

„Und so schließt die Kritik (Palmblads Kritik, J.M.) mit diesem Abschiedsgruß: 'Möge Furumo alle seine Reformversuche fahren lassen, alle seine gut gemeinten Pfuschereien mit der Religion, der Sittenlehre, der Geschichte, Gesellschaft, Erziehung und den Universitäten! Wir haben gesehen wohin das alles führt. Möge er stattdessen von neuem seine poetischen Wagen richten, möge er sich darauf in die hellsten und ätherblauen Gefilde erheben, so hoch, dass seine Ohren nicht vom Lärm der Erde belästigt werden, seine Augen nicht vom Dunkel der Erde umwölkt werden! Dort ist es, wo wir ihn wiederzufinden hoffen'.

Leider ging Almqvists Bahn nicht in die Richtung, die ihm Palmblad angewiesen hatte. Seine literarische Bahn war nahezu zu Ende, und die Jahre, die folgten, waren die Jahre des literarischen, ökonomischen und moralischen Verfalls. Alle seine alten Freunde zogen sich von ihm zurück, Geijer, Atterbom, Palmblad, Malla Silfverstolpe, Thomander, Janne Hazelius; und er gewann kaum neue Freunde. Der Übergang zum Radikalismus, den er verkündete, war zweifellos aus Überzeugung geschehen, aber er hatte nicht die Folgen vorausgesehen (und jetzt aufgepasst! J.M.) und er scheint naiv genug gewesen zu sein zu glauben, dass die Schriften, die er in den Jahren 1838-1840 herausgab, Gesellenstücke für die Professur in Lund hätten sein können. In Wirklichkeit verhinderten sie sein Vorwärtskommen und stürzten ihn in den ökonomischen Ruin. Ein weiterer Grund zur Verbitterung in konservativen Kreisen ihm gegenüber, war wohl auch, dass er bereits im Sommer 1839 im 'Aftonbladet' zu schreiben begonnen hatte ..." (S.347)

Um zu verstehen, warum Almqvist nicht einfach ein Aftonblad-Liberaler bleiben konnte, ein Linker so im allgemeinen, ein revoltierender schwedischer Verfasser, ein etwas begabterer und schärferer Blanche, ist es notwendig, Schweden als das zu sehen, was es ist. Das Schweden, das war, ist in weiten Teilen dasselbe Schweden, wie wir es heute kennen, und Almqvists Entwicklung ist eine mustergültige Entwicklung. Eine typische Entwicklung. Strindberg wurde gegen Ende der achtziger Jahre ebenso in die Entwicklung gedrängt. Mit peinlicher Regelmäßigkeit sind schwedische Verfasser ihr ausgesetzt gewesen. Denn Almqvist stand nicht nur in den Stromschnellen seiner Zeit, er brachte den Strom auch weiter. Und sein Einfluss reichte weit. Aus der Grenzerstadt Belle-ville im südwestlichen Illinois in den USA schreibt Alm qvist am 28. Januar 1853 an seine Familie in Schweden, seine „geliebte Marien":

„Erfreut, mal wieder ein paar Bücher in die Hand zu bekommen, klopfte ich an, trat ein und wurde von dem Herrn persönlich empfangen, der äußerst verdrießlich mir seinen Katalog reichte. Darin fand ich eine große Sammlung von u.a. Dumas' und Sues frühen Romanen (ja und sogar, zu meiner

Überraschung auch mehrere meiner Bücher) ...“

Er reichte über den Atlantik bis in die Leihbücherei von Belleville; er reichte bis in unsere Zeit und an uns vorbei. Doch ihm wurden die Flügel gestutzt. Er hatte in Schweden keinen Boden unter den Füßen. Keine soziale Basis. Das schwedische Bürgertum konnte mit Müh’ und Not einen Blanche verkraften. Almqvist stürzte. Strindbergs Fall wurde nicht gleichermaßen dramatisch. Aber seine Ursachen – die die Tragödie des Jungen Schweden wurden – waren dieselben. Um zwischen dem Auftreten gegenüber dem gestürzten Almqvist in Hiertas Clique und dem Auftreten gegenüber Strindberg des sich taktisch anpassenden Geijerstam und Branting gibt es keinen großen Unterschied.

Es war die schwedische Misere, die Almqvist die Flügel stutzte; die seine Entwicklung behinderte; die ihn zwang, sich zugrundezurichten. Sicher konnte Almqvist in der schwedischen Misere unter Aufbietung aller Kräfte und einer mächtigen Fähigkeit zum raisonnement zu einem europäischen Intellektuellen heranwachsen; aber nicht zu einem Intellektuellen von wirklich europäischer Bedeutung.

Diese Misere hat in der schwedischen Tradition tiefe Spuren hinterlassen und prägt heute noch unsere Gesellschaft. Die Misere wurde zu einem Charakterzug des schwedischen Beamtencorps; und formte dann die Bürokratie der Arbeiterbewegung. Der Abschnitt, der jetzt folgt, könnte aus dem „H-Säk“ stammen, dem Handbuch für Sicherheitsfragen, das zur massenhaften Verbreitung von einer Abteilung der Regierung von loyalen Sozialdemokraten ausgearbeitet wurde, die dann fast für ein halbes Jahrhundert lang die Geschäfte des Landes für die Herren besorgte. Aber er stammt aus einer anderen loyalen Schrift; dem 'Aftonbladet' vom 17. Juni 1851 und handelt von Almqvist:

„Ein hemmender Genius scheint über die Personen zu wachen, die durch Verbreitung der Lehren des roten Radikalismus die Gesellschaftsbande auflösen wollen, den Frieden der Bürger untereinander stören wollen, die allgemeine Ordnung erschüttern und den Staat dem Zerfall und Elend preisgeben wollen."

In unseren schwedischen Schriften ist Hierta ein großer Mann. In seinen eigenen Augen war Hierta ein großer Mann.

Am 7. September 1842 schreibt Lars Hierta an den Grafen C. A. Adlersparre über seine Abenteuer in Paris:

„Das Zusammentreffen der glücklichsten Umstände haben mir die vertrauliche Bekanntschaft mit so vielen Notabilitäten in Politik, Kunst und Literatur verschafft, dass ich, wenn ich mich für ein paar Jahre in Paris niederlassen könnte, alle die Beziehungen besäße, die ich mir nur wünschen könnte. Von ihnen möchte ich nur nennen: Amé Martin, Alphonse Lamartine, Liszt, mit dem ich von morgens bis abends zusammen war, Saint Beuve, Lamenais, Béranger, Louis Blanc, eine ganze Clique deutscher Korrespondenten und eine ganze Reihe französischer Zeitungsredakteure, nicht zu vergessen Jules Janin.

Das merkwürdigste Resultat meiner Bekanntschaft mit diesen und anderen hohen Tieren ist jedoch, dass der Abstand zwischen ihnen und uns im Bereich des Verstandes nicht außerordentlich ist und dass deren Überlegenheit eigentlich in ihrem großen Talent liegt sich auszudrücken." (Aldén „Lars Hiertas självbiografi", Stockholm 1925, S. 109)

Ein Brief des sechsundzwanzigjährigen Friedrich Engels

an den achtundzwanzigjährigen Karl Marx im Dezember 1846 korrigiert das Bild:

„Als unschuldiges Nebenvergnügen hab' ich in der letzten schlechten Zeit außer den Mädeln noch einigen Umgang mit Dänen und dem übrigen Norden getrieben. Das ist mir eine Sauerei. Lieber der kleinste Deutsche als der größte Däne! So ein Klimax von Moralitäts-, Zunft- und Ständemisere existiert nirgends mehr. Der Däne hält Deutschland für ein Land, wohin man geht, um „sich Mätressen zu halten und mit ihnen sein Vermögen durchzubringen" [dänischer Text, den ich gleich ins Deutsche übersetze: „Während er in Deutschland reiste, hatte er eine Mätresse, die ihm den größten Teil seiner Mittel verzehrte" heißt es in einem dänischen Schulbuch! D. Ü.] Der Däne nennt den Deutschen einen 'deutschen Windbeutel' und hält sich für den echten Repräsentanten des germanischen Wesens. Der Schwede verachtet wieder den Dänen als „verdeutscht" und ausgeartet, schwatzhaft und verweichlicht. Der Norweger sieht auf den verfranzösierten Schweden und seinen Adel herab und freut sich, dass ihm in Norge noch gerade dieselbe Bauernwirtschaft herrscht wie zur Zeit des edlen Knut; und dafür wird er wieder vom Isländer en canaille behandelt, der noch ganz dieselbe Sprache spricht wie die schmierigen Wikinger von Anno 900, Tran säuft, in einer Erdhütte wohnt und in jeder Atmosphäre kaputtgeht, die nicht nach faulen Fischen riecht. Ich bin mehrere Male in Versuchung gewesen, dass ich wenigstens kein Däne oder gar Isländer, sondern nur ein Deutscher bin. Der Redakteur des avanciertesten schwedischen Blatts, das „Aftonbladet", ist hier zweimal in Paris gewesen, um über die Organisation der Arbeit ins Klare zu kommen, hat sich jahrelang den 'Bon Sens' und die 'Démocratie pacifique' gehalten, mit Louis Blanc und Considérant feierlich unterhalten, aber er hat's nicht kapieren können und ist so klug zurückgekommen, wie er wegging. Jetzt paukt er nach wie vor für die freie Konkurrenz oder, wie das auf schwedisch heißt, die Nahrungs-Freiheit oder auch självförsörjningsfrihet, Selbstversorgungsfreiheit (das ist doch noch schöner als Gewerb-Freiheit). Natürlich, die sitzen noch im Zunftdreck bis über die Ohren, und auf den Reichstagen sind gerade die Bürger die wütendsten Konservativen ... Das einzige, wozu diese Länder gut sind, ist, dass man an ihnen sehen kann, was die Deutschen tun würden, wenn sie Pressfreiheit hätten, nämlich wie die Dänen wirklich getan haben, sogleich eine „Gesellschaft für den wahren Gebrauch der freien Presse" stiften und christlich wohlmeinende Blätter drucken lassen. Das schwedische 'Aftonblad' ist so zahm, wie die 'Kölner Zeitung', hält sich aber für demokratisch im wahren Sinne des Wortes". Dafür haben die Schweden die Romane von Fröken Bremer und die Dänen Herrn Etatsrad Oehlenschläger, Commandeur af Danneborgsordenen. Auch gibt es schrecklich viel Hegelianer dort, und die Sprache, in der jedes dritte Wort aus dem Deutschen gestohlen ist, passt famos für die Spekulation." (MEW 27, S. 71-72)

Und in dieser schwedischen Misere verödete Almqvist – wie später dann Strindberg – und zwar, weil er ein erwachsener und reifer Mensch war, der sich Gedanken über ernste Fragen machte. Und diese schwedische Misere ist es, die in so vielen Literaturgeschichten grinst und lispelt, wenn die Rede auf Almqvist kommt. Und im Kampf gegen diese Misere trägt Folke Isaksson dazu bei, den Wert der Worte wiederherzustellen, die eigenen wirklichen fünfziger Jahre zurückzugewinnen und auch die große Vernunft der Almqvist'schen Tradition. Allerdings ist es stilgemäß, dass diese notwendige Arbeit Folke Isakssons bei der geistigen Brut dieser schwedischen Misere ein Gebrüll hervorruft:

„... Der Herausgeber Folke Isaksson schließt mit folgendem linksextremistischen Klischee: 'Eine Stellungnahme für Carl Jonas Love Almqvist wird jedoch durch die Indoktrinierung erschwert, die in unseren Schulen stattfand und stattfindet.' Noch haben wir aber die Möglichkeit, in unseren Schulen zu unterrichten, ohne Rücksicht darauf, was die marxistische Doktrin erfordert, sondern nur mit Rücksicht auf historische Fakten; aber dieses Buch gibt einen deutlichen Fingerzeig, was zu erwarten ist, wenn die Entwicklung erst einmal in eine gewisse Richtung geht. Ch. O.".

Kristianstadsbladet vom 27. 7. 1972

Vom loyalen Sehen zum bewussten Sehen

Im März 1933, als Japan dabei war, Nordchina zu unterwerfen, als Hitler-Deutschland das Saar-Gebiet erhalten hatte, als Mussolinis Italien seine Kampagne gegen Äthiopien verstärkte, als in den Vereinigten Staaten an die 20 500 000 Personen Arbeitslosenunterstützung ausgezahlt wurde, und die große weltweite Krise bereits in den Weltkrieg umzuschlagen begann, schrieb der deutsche Emigranten-Schriftsteller Heinrich Mann über die Macht des Wortes.

Die europäische Literatur wiche vor ihrer Aufgabe zurück, betonte er. Sie wäre ratlos und ängstlich. Das ließe nichts Gutes ahnen von den noch vor uns liegenden Ereignissen. Denn:

„Man erobert keine Gesellschaft, bevor man sie nicht kennt. Die Revolutionäre, die die russische Gesellschaft umwandeln sollten, hatten sie nicht durch Marx kennengelernt, sondern indem sie die ununterbrochene Reihe großer sozialer Romane von Gogol bis Tolstoi gelesen hatten."

Das war keine Polemik gegen Marx. Im Gegenteil – es war im Geist von Marx ein Betonen der Notwendigkeit der Literatur für die Menschwerdung und für ein bewusstes politisches Handeln.

Heinrich Manns Aussage über die Notwendigkeit der Literatur kann man nachprüfen. Das, was er über die Bedeutung der realistischen Verfasser für die russischen Revolutionäre sagt, ist eine nachweisbare Behauptung. Das ist kein allgemeines Meinen.

Damit erklärt sich auch das Verhältnis von Politik und Kunst. Die Frage geht nicht um den größeren oder geringeren Grad politischer Einstellung in der Kunst, sondern es geht um die Notwendigkeit der Kunst für das politische Handeln.

Es lässt sich auch ein anderes Beispiel anführen. Vom Indischen Aufstand von 1857 bis zur nationalen Unabhängigkeit Indiens 1947 vermochte kein englischer Verfasser einen Hindu zu schildern.

Das wiederum lässt sich auf andere Weise ausdrücken. Die englische Arbeiterklasse war 1857 an und für sich stark genug, um eine treibende Kraft für eine soziale Umwälzung in England zu sein. Aber sie wurde es nicht. Stattdessen wurde sie Kanonenfutter, Stimmvieh und ausgebeutete Arbeitskraft in einer Serie von Kriegen und Krisen. Und die englische Arbeiterklasse ist bis auf den heutigen Tag gelähmt.

Was sie lähmte, ist nicht unbekannt. Marx betonte mehrmals, dass gerade die Unterdrückung anderer Völker das eigene Volk unten hält. Wer andere unterdrückt, ist unfrei. Der englischen Arbeiterklasse glückte es niemals, sich bewusst zu werden, dass die Befreiung der Kolonien die Voraussetzung für ihre eigene Befreiung wäre, wenn die englische Arbeiterklasse jemals eine wirklich politische Rolle spielen wollte. Dieses Bewusstsein hat sie immer noch nicht erlangt.

Bis auf den heutigen Tag funktionieren die Rassenvorstellungen und die Vorurteile in der englischen Arbeiterklasse auf exakt dieselbe Weise, wie Marx sie 1869 beschrieb.

Man kann auch sagen, das bedeutete nur, dass die englischen Arbeiterorganisationen und die internationalen Organisationen nicht die Aufgabe gelöst haben, die Marx im November 1869 der Internationalen als Hauptaufgabe stellte: das Bewusstsein der englischen Arbeiterklasse davon zu wecken, dass die Befreiung der unterdrückten Völker nicht eine Frage abstrakter Gerechtigkeit oder menschlicher Sympathie ist, sondern die eigentliche Voraussetzung für die Befreiung der englischen Arbeiter.

Das Unvermögen der englischen Verfasser einen Hindu [Hindu ist ja eigentlich ein geographischer Begriff für Leute, die am Indus – dem Fluss – wohnen, im Laufe der Zeit bezog es sich mehr auf Leute des hinduistischen Glaubens, aber nicht auf Leute islamischen Glaubens. Und heute sind ja die Moslems durch den Modi-Hindu-Faschismus völlig von der Volksgemeinschaft ausgeschlossen und können schwerlich als Hindus bezeichnet werden. Also wäre 'Inder' das richtigere Wort. D. Ü.] zu schildern in der Zeit, als England über Indien herrschte, kann als Ausdruck des Unvermögens der englischen Arbeiterklasse angesehen werden, sich ein Bewusstsein von ihrer wirklichen sozialen Situation zu verschaffen. Denn auch die radikalen englischen Schriftsteller und selbst die Verfasser, die man als Kommunisten und Revolutionäre betrachtete – und die selbst meinten, es zu sein – zeigten Proben derselben Imperiumsvorurteile, wenn man ihre Texte genau analysiert.

Die geistige Misere, die sich im Unvermögen, Hindus als Menschen zu schildern, zeigt, würde dann auch ein Ausdruck der wirklichen Misere sein, in der die Herrschaft des Imperiums über Indien die englische Arbeiterklasse gefesselt hielt. Auch der Gefängniswärter ist eingesperrt. Die Literatur registriert nur das Vorherrschende.

Aber so einfach ist das nicht. Die russische Misere war ebenso groß wie die englische. In dem russischen Reich herrschte dieselbe nationale Unterdrückung wie im englischen Imperium. Das russische Volk musste – ebenso wie das englische – als Kanonenfutter in Raubkriegen dienen, als Arbeitskraft auf Gütern und in der Industrie und als Gefängniswärter im Gefängnis der Nationen. Aber die russische Literatur war nicht loyal wie die englische. Die registrierte nicht nur. Sie gab dem, der das wirkliche Russland kennenlernen wollte, um das schändliche Gesellschaftssystem zu zerschlagen, Bücher, die man lesen konnte.

Mehrere der englischen Verfasser, die ihr Unvermögen angesichts der großen Fragen ihres Volkes unter Beweis stellten, waren Radikale. Einige waren Kommunisten. Den Russen Tolstoi als politisch radikal zu bezeichnen, mag abenteuerlich sein. Kommunist war er bestimmt nicht. Aber er vermochte das Notwendige zu schreiben.

Der Unterschied zwischen Tolstoi und den englischen Verfassern war ja nicht der, dass Tolstoi einen Bart hatte und dicke Romane schrieb. Das kann nicht auf eine formelle Frage reduziert werden. Mehrere englische Verfasser versuchten breit und episch zu schreiben. Einige schrieben sogar dicke Bücher und legten sich sogar einen Bart zu, ohne deswegen einen Hindu schildern zu können.

Sowohl die englischen Verfasser als auch Tolstoi schrieben in Gesellschaften, die vom Krieg der Klassen geprägt waren. Was aber Tolstoi anwendbar machte und was die englischen Verfasser zu konservativen Kräften machte, unabhängig davon, wie revolutionär sie zu sein glaubten, war, dass Tolstoi sich durch und durch illoyal gegenüber den herrschenden Vorstellungen in seiner Gesellschaft verhielt, während die englischen Verfasser es im Grunde nicht vermochten, von der Schändlichkeit ihrer eigenen Gesellschaft Abstand zu nehmen.

Auf diese Weise konnten die englischen Verfasser – selbst wenn sie die Mitgliedschaft der Kommunistischen Partei hatten, und meinten, in der Kommunistischen Internationalen zu kämpfen – die herrschenden Vorurteile nur bestärken und bekräftigen. Sie trugen dazu bei, die englische Arbeiterklasse in Unwissenheit zu halten, so dass sie als Kanonenfutter, als Arbeitskraft und Gefängniswärter fungieren konnten, noch ein Jahrhundert, nachdem die objektiven Möglichkeiten gegeben waren, eine andere Gesellschaft zu schaffen als die, die auf der Ausbeutung des Menschen durch den Menschen beruht.

Man kann also sagen, dass das große Versagen der englischen Verfasser die Notwendigkeit der Kunst bekräftigt. Und zwar ebenso sehr wie die Bedeutung Tolstois für die russischen Revolutionäre diese Notwendigkeit bekräftigt. Denn es war ja nicht so, dass der Unbewusstheit der englischen Verfasser eine allgemeine und totale Unbewusstheit entsprochen hätte. Es gab dieses ganze Jahrhundert über in England – ebenso wie in Tolstois Russland – ordentliche politische und ökonomische Analysen des Imperialismus und viele hervorragende Schreiber vermochten Hindus in wissenschaftlichen und politischen Termini zu schildern. Es war das künstlerisch strukturierte Bild, das den loyalen Vorurteilen Ausdruck verlieh; nicht das radikale wissenschaftliche Bild von der Gesellschaft.

Ich gehe von der Notwendigkeit von der Veränderung aus. Das bedeutet, dass ich an die Literatur Anforderungen stelle. Die Forderung besteht nicht darin, dass die Verfasser hier eine Mitgliedskarte lösen und dort einen Aufruf unterschreiben sollen. So etwas kann an und für sich vernünftig und notwendig sein, aber das Beispiel der englischen Verfasser zeigt, dass das keineswegs entscheidend ist. Aber die Forderung, die man meines Erachtens stellen muss, ist die Forderung nach Bewusstheit. Das bedeutet nicht nur Können. Die Kunst ist nicht eine Form, die künstlerisch ist, und in die dann der eine oder andere Inhalt geschüttet werden kann. Das künstlerische Bild ist eine strukturierte Einheit; nicht ein Behälter von gewissem Aussehen für sozial bedingte Vorstellungen – ohne gestaltetes Projektieren dieser Vorstellungen. Die Forderung ist moralisch. Ein gründliches Abstandnehmen. Da das Gesellschaftssystem so schändlich ist, und da der Krieg der Klassen so langwierig und so kompliziert ist, wird die kompromisslose Illoyalität gegenüber der eigenen Gesellschaft, ihren Rationalisierungen, Vorurteilen und verzerrten Idealen eine Notwendigkeit für den Künstler, der nicht einfach nur ausgenutzt werden möchte, wie es die englischen Verfasser wurden.

Der Imperialismus und die koloniale Ausbeutung konnten die Perspektive des englischen Volkes auf die Welt so gründlich verzerren, dass die englischen Verfasser sich nicht einmal dann von den Zerrbildern befreien konnten, wenn sie den Kampf gegen den Imperialismus aufnehmen wollten. Die Forderung nach einer tiefen Illoyalität stellen, so dass auch diese Zerrbilder aufgelöst werden, bedeutet natürlich, von den Verfassern normale und übliche intellektuelle Zivilcourage fordern.

Das ist durchaus nicht so selbstverständlich, wie es scheinen mag. Ich will ein Beispiel nehmen. Ich nehme es aus Norwegen. Das gibt eine Perspektive. Im Januar 1948 begann Arthur Koestler sich zum großen Schriftsteller der dreißiger Jahre zu entwickeln. Aber er war noch nicht so groß, dass nicht Aksel Sandemose in 'Aktuell' schreiben durfte, und dort betonen konnte, dass Schreiberlinge wie Margaret Mitchell mondäne Größen wären, verurteilt, schnell wieder zu verschwinden. Zwei Jahre später war der Kalte Krieg eine wirkliche bitterkalte Wirklichkeit; Europa war in den Handelskrieg der Vereinigten Staaten mit hineingezogen worden und Arthur Koestler war vom Rande der dreißiger Jahre ins Zentrum der dreißiger Jahre verschoben worden und war zu einem bedeutenden Repräsentanten der dreißiger Jahre in Europa geworden.

Als Aksel Sandemose damals im Jahr 1950 diesen Mythos einer Prüfung in 'Aktuell' unterziehen wollte, wurde sein Artikel abgewiesen und seine Mitarbeit hörte auf. Aksel Sandemose war schließlich ein echter Verfasser der dreißiger Jahre. Er war kein Trugbild. Aber für die offiziellen norwegischen Etablierten war der Mythos von Koestlers Größe wichtiger als der lebende Sandemose. Und als Sandemose sich weigerte, entsprechend der offiziellen anbefohlenen Mythen zu schreiben, musste er aufhören, in den offiziellen Zeitschriften zu publizieren, und musste stattdessen in seiner eigenen Einmann-Zeitschrift 'Årstidene' [Jahreszeiten. D.Ü.] schreiben.

Heute im Jahr 1973 ist der offizielle Spielplan geändert worden. Jetzt soll es nicht mehr der Kalte Krieg sein. Jetzt soll es friedliche Verständigung sein. Koestler erscheint als genau so flach wie er immer war, und Sandemose vermittelt einen wirklichen, tiefen Einblick in die dreißiger Jahre Europas. Jetzt ist es daher intellektuell schwer verständlich, dass die loyalen Redakteure von 'Aktuell' in Norwegen 1950 sich eines Sandemose zu entledigen vermochten, dessen 'En flykting korsar sitt spår' [Ein Flüchtling kreuzt seine Spur. D. Ü.] die wirklichen dreißiger Jahre sind – um Koestler zu schützen. Dessen Beschreibung, wie er 1931 eine halbe Stunde auf einen kommunistischen Parteifunktionär warten musste, genau so naiv erscheint, wie er immer war.

Aber das Erstaunen über die Merkwürdigkeiten der fünfziger Jahre ist erst dann nützlich, wenn es auf die eigene Gegenwart angewandt wird. Heute, im Jahr 1973, ist es Orwell, der die Problematik der dreißiger Jahre verkörpert, während Nordahl Grieg verschwunden ist.

Und der Orwell, der da in das Blickfeld der öffentlichen europäischen siebziger Jahre kommt, ist nicht mehr der Orwell, dem in den fünfziger Jahren als einem Verfasser des Kalten Krieges gehuldigt wurde, sondern der etwas jüngere und eher trotzkistische Orwell und sein Spanienbuch.

Unter diesem Blickwinkel muss Nordahl Grieg unsichtbar werden. Sonst würde diese optische Illusion zerplatzen. Man versuche es selber! 'Ung må världen ännu vara' [Möge die Welt noch einmal jung sein' D. Ü.] und man lese die volkstümliche, patriotische Lyrik und beachte, wie sich das Bild verschiebt, und wie Orwell an den Rand der dreißiger Jahre gedrückt wird, von wo aus er jetzt in das Zentrum manipuliert wird.

Ich verwende die Begriffe der Perspektivenlehre, denn diese Form des loyalen Sehens erscheint mir sonderbar. Es ist keine Übertreibung zu behaupten, dass die Mehrheit der Kollegen in gesammelter Mannschaft durch die Jahre marschiert und die sich verändernden intellektuellen Perspektiven registriert, so wie sie sich aus der jeweiligen Zeit anbefohlenen Blickwinkel darstellten. Auch das lässt sich belegen. Ich habe es in anderem Zusammenhang getan, wo ich auf die eigenartige Gleichzeitigkeit verwies, mit der sie entdecken und vergessen. Es ist ebenso einfach, Veränderungen im geistigen Klima festzustellen wie den Wechsel in den Jahreszeiten.

Es wird zuweilen behauptet, dass es elitär sei, folgsame Kollegen zu verachten. Aber das ist es nicht. Die Folgsamen dienen ja mit ihrer Loyalität ihren Interessen und meinen, eine Elite zu sein und die wirklich Herrschenden in dieser schändlichen Welt. Das Verächtliche muss man verachten. Denn es ist verächtlich, nicht genug Zivilcourage zu besitzen, den anbefohlenen Blickwinkel zu verlassen.

Man sagt zuweilen, dass es für Tolstoi leichter war, von den herrschenden Vorstellungen Abstand zu nehmen und sich so gründlich illoyal gegenüber der eigenen Gesellschaft zu verhalten. Das zaristische Russland soll so offensichtlich schändlich gewesen sein. Das verstehe ich nicht. Unser Gesellschaftssystem scheint mir die Schändlichkeit ganz erheblich weiter getrieben zu haben. Dagegen ist die Knute die reinste Idylle.

Die Schwierigkeit für Künstler und Verfasser in unserem Teil der Welt liegt auf einer anderen Ebene Die herrschenden Klassen haben es verstanden, auch das Abstandnehmen in ihren Dienst zu stellen. Sie haben die englische Imperialismustechnik entwickelt. Der größte Teil der strukturierten Bilder, die zum Kulturkonsum freigegeben werden, sind sicherlich schlecht und gefühllos; aber es sind nicht Bilder, die die

Schändlichkeit verteidigen oder verbergen. Die Schändlichkeit ist in Unterhaltung verwandelt worden. Das Boy-Scout-Ideal war schlimm genug; aber die sadomasochistischen Schilderungen aus den Konzentrationslagern sind noch einige Grade schlimmer. Ich kann mir keine Schilderung von Schändlichkeiten vorstellen, die die Schändlichkeiten übertrifft, die im Fernsehen und den Kiosken dargeboten werden, und deren eigentlicher Charakter es ist, Unterdrückung, Denunziation, Folter und Hinrichtung zu bejahen.

Diese Entwicklung wird letztlich von den Bedürfnissen der herrschenden Klasse gelenkt. Das ökonomische System ist widersinnig. Der Kapitalismus gebiert Not und Elend im Weltmaßstab. Niemals haben so viele Menschen gehungert wie heute. Die ganz Produktionsausrüstung in unseren Ländern ist ebenfalls unsinnig. Es ist völlig undenkbar, dass dieser Typ der Verbrauchergesellschaft in der ganzen Welt errichtet werden kann. [Kann er aber, wie wir heute nach 60 Jahren sehen. D.Ü.] Dieser Spätkapitalismus ist wie ein giftiges Geschwür. Aber die herrschenden Klassen in unseren Ländern sind nicht bereit aufzugeben. Die lassen ihre Macht nicht los. Sie versuchen daher sich in ihren Völkern Unterstützung zu sichern, genau wie die englische Herrscherklasse sich ein unterdrücktes und unterdrückendes Volk zu schaffen suchte.

Mit Notwendigkeit wächst daher in unseren Ländern ein neuer Faschismus heran. Das wird ein Faschismus neuer Art. Wer darüber mehr wissen möchte, sollte Professor Harald Ofstads Buch lesen: „Vårt förakt för svaghet. Nazismens normer och värderingar – och våra egna." (Unsere Verachtung für Schwäche. Die Normen und Wertungen des Nazismus – und unsere eigenen. D.Û.) Aber diese Notwendigkeit wird erst dann zur unauweichlichen Wirklichkeit, wenn wir sie nicht zu brechen vermögen.

Es muss betont werden, dass diese Entwicklung nicht auf die monopolistischen Staaten begrenzt ist. Die sowjetische Bürokratie hat denselben Weg eingeschlagen. Im Indischen Ozean und im Mittelmeer verfolgt die Sowjetunion die klassische Kanonenbootpolitik. Die Entspannung ist nur eine neue heilige Allianz vor den kommenden Auseinandersetzungen.

In Schweden werden wir nicht ins Gefängnis geworfen. Hier ist es noch möglich zu diskutieren. In Griechenland oder der Sowjetunion oder Spanien würde es für mich nicht möglich sein, dies zu sagen, ohne auf die eine oder andere Weise zum Schweigen gebracht zu werden. Deshalb bin ich auch so besorgt, dass der in den Schubladen liegende Gesetzentwurf zum Grundgesetz wird.

Natürlich gibt es Zensur und Eingriffe verschiedener Art in Schweden. Die Kunst, die sich diesen Zensurinstanzen und Radiobehörden anpasst, wird genau so geschlechtslos sein wie zensierte Kunst immer sein wird.

Aber die Taktik, die am häufigsten angewandt wird, ist die des Totschweigens. Es ist möglich, beinahe alles und jedes in diesem Land zu entlarven, ohne dass es einen politischen Effekt hat. Man könnte sagen, dass die Verantwortlichen in den schwedischen Massenmedien so von Grund auf loyal sind, dass sie sich nicht einmal zu der bürgerlichen Freiheit einer konservativen Zeitung wie der Washington Post aufraffen können.

Und in einer solchen Lage – spät in der Nacht – müssen wir in den nächsten Jahren arbeiten. Die Kunst ist nicht Politik in anderen Formen. Aber es ist eine zwingende Notwendigkeit, dass Verfasser und Künstler Bilder zu strukturieren vermögen, die unsere Wirklichkeit greifbar und daher gerade in dieser Epoche auch veränderbar machen.

Die Revolution hat ein Jahrhundert Verspätung. Das Elend ist ungeheuer viel größer als es 1870 war. Es wird ein langer und blutiger Geburtsprozess werden. Aber wenn wir Verfasser und Künstler nicht die letzten Reste an Loyalität gegenüber dieser schändlichen Gesellschaft zu bekämpfen und zu überwinden vermögen, wird der Prozess noch länger und ungeheuerlicher werden.

Radions Boksommer 1973

Rameaus Neffe

„Rameaus Neffe“ ist eine merkwürdige Arbeit. Sie ist eines der großen europäischen Meisterwerke. Denn welches Ende der europäischen Debatten der vergangenen hundertfünfzig Jahre wir zufällig auch zu fassen kriegen – wenn wir zu wickeln anfangen, dann wickeln wir mit Sicherheit bis zu „Rameaus Neffe“. Wir mögen mit Ästhetik oder Philosophie, Revolution oder Moral beginnen – jeden Augenblick stehen wir neben „er“ und „ich“.

Gleichzeitig ist es ein ungeheures Hörspiel. Man kann sich nicht helfen, man erkennt sich wieder und beginnt zu grinsen. Man bringe es auf die Bühne! Da wird der Zuschauer großartige mimische Partien erleben können. Wenn man nicht die These vorzieht, dass „Rameaus Neffe“ eigentlich ein Roman ist. Dann ist es ein großartiger realistischer Roman. Für den, der ihn nicht als eine romantische Erzählung lesen will.

Eigentlich ist das Merkwürdige gar nicht so seltsam. „Rameaus Neffe“ ist ein in langen Jahren ausgearbeitetes Meisterwerk. Der Verfasser war ein Schnellschreiber, ein ständiger Schreiber, ein Mann, der am Schreibtisch lebte; folglich brauchte er zwischen zehn und fünfzehn Jahre, um diese Arbeit zu schreiben. Es erfordert große Disziplin und Erfahrung, um in seiner Sprache eine solche ungezwungene Natürlichkeit zu erzielen. Die vollendete Form kann nicht als Form erlebt werden.

Damit fallen die künstlerischen Genre-Grenzen. „Rameaus Neffe“ wird zu einem intellektuellen Werk, das funktioniert. Wir können hier an einem ganz gewöhnlichen feuchten und kaltem schwedischen Werktag sitzen und sagen:

„Wenn das nicht mit dem Teufel zuginge, wie er das hinkriegte.“

Aber ebenso selbstverständlich war es für den siebendreißigjährigen außerordentlichen Professor Hegel in Jena, damals vor hundertdreiundsechzig Jahren zu „Rameaus Neffe“ zu greifen, als er die gewichtigen Argumente für seine erste große Arbeit „Phänomenologie des Geistes“ zusammentrug. Und als Karl Marx am 15. April 1869 entdeckt, dass er zwei Exemplare von „Rameaus Neffe“ im Hause hatte, beeilt er sich, eines seinem Freund Friedrich Engels zu schicken. Denn es ist ein Genuss, dieses Meisterwerk zu lesen. Dieser Genuss ist derart, dass „Rameaus Neffe“ durch seine bloße Existenz als Werk die Falschheit und Hohlheit in der Behauptung beweist, dass die Genregrenzen wirkliche Grenzen seien, dass die formelle Brillianz zu sehen ist oder dass das Natürliche spontan auftritt. Aber vor allem ist „Rameaus Neffe“ ein schlagender Beweis dafür, dass die sogenannten Kulturdemokraten Unrecht haben. Das, was Hegel in Jena interessierte, das interessiert auch Petterson in Rågsved [Maier in Hintertupfingen. D. Ü.].

Diderot wurde 1713 geboren. Sein Vater war ein recht wohlhabender Bürger, ein Messerschmied. Er wurde von Jesuiten erzogen. Aber er wurde nicht Priester. Er studierte Jura, Sprachen und Naturwissenschaften. Er war einer der Schriftsteller, die die große Französische Revolution vorbereiteten, indem er allen Ernstes den Kampf um den Überbau aufnahm. Mehr als zwanzig Jahre lang leitete Diderot die Arbeit an der großen Enzyklopädie. Ihre vernünftige Zusammenstellung des menschlichen Wissens, die für das Handwerk und die Industrie von großer Bedeutung wurde und deren Grundgedanke von Diderots Freund, dem Mathematiker d'Alembert in der Einleitung des Werkes formuliert wurde:

„Die Quelle alles Wissens ist die Erfahrung; die Quelle jeder Gesellschaftsordnung ist der Bedarf, sich anderer Menschen zum eigenen Nutzen zu bedienen. Der, der die größte Kraft hat, schanzt sich die größten Vorteile zu. Daraus entsteht Unterdrückung; und aus Unwillen darüber entstehen Begriffe wie Recht und Unrecht; daraus das Gefühl für Tugend und das Bedürfnis für Gesetze. Das Höhere, was sich auf diesem Weg herausbildet, ruft den Glauben hervor, dass die Seele nicht wie alles andere auch aus Materie besteht, sondern unsterblich ist und dass ihr eine Göttlichkeit zuerkannt wird."

Die Enzyklopädie war eine ideologische Generaloffensive gegen die alte Gesellschaft.

Diderot verbrachte ganze Tage mit Arbeitern in Werkstätten, um in der Enzyklopädie das Handwerk in einfacher und klarer Sprache beschreiben zu können. Er schrieb Essays und Dramen, Romane und Dialoge. Das war allerdings keine ungefährliche Beschäftigung. Diderots „Philosophische Gedanken" wurden 1746 auf den Scheiterhaufen geworfen; „Die Promenade des Zweiflers" wurde 1747 von der Polizei beschlagnahmt; „Briefe über die Blinden" brachten ihm 1749 drei Monate Gefängnis ein.

Ein großer Teil seiner wichtigsten Werke wurde daher in Abschriften in ganz Europa verbreitet. Sie wurden von den damaligen Intellektuellen gelesen und studiert, lange bevor sie der Allgemeinheit zugänglich waren. Viele von Diderots Werken wurden erst nach seinem Tod gedruckt und veröffentlicht. „Rameaus Neffe“ hatte ein sonderbares Schicksal. Die Kaiserin Katharina die Große von Russland hat Diderot ökonomische Unterstützung dafür gegeben, dass sie einmal seine Bibliothek übernehmen dürfe. 1804 erhielt Goethe aus St. Petersburg eine Abschrift von „Rameaus Neffe“. Er übersetzte den Text unmittelbar ins Deutsche. So kommt es, dass diese Arbeit 1805 zum ersten Mal in Goethes deutscher Version veröffentlicht wurde. Erst viel später konnte Diderots eigener Text herausgegeben werden. Auf Schwedisch erschien die Arbeit 1825 in einer Übersetzung der Ausgabe von Goethe.

Diderot starb am 30. Juli 1784. Damals waren es nur noch 5 Jahre hin, bis die Bastille fallen und die alte Gesellschaft vernichtet werden sollte.

Jules Vallés

Am 16. Februar 1885 wurde auf dem Friedhof Père La-Chaise in Paris ein Schriftsteller begraben. Als er starb, war er nicht einmal 53 Jahre alt. Selbst hatte er sich einen „réfractaire" genannt; einen Rebell und Revoltierenden und widerspenstigen Verneiner der Werte der Herrschenden. Als er schon im Sterben lag, hatte die Polizei wegen seiner Schriften bei ihm noch Hausdurchsuchungen durchgeführt, und bereits 14 Tage nach seinem Tod war die bürgerliche Kritik mit ihrer völligen Verurteilung seines Werkes fertig. In der 'Revue des deux Mondes' erklärte Ferdinand Brunetière, dass ihm jeder wirklich literarische Wert fehle. Und bei diesem Urteil der bürgerlichen Kritik ist es auch geblieben.

Aber der Trauerzug, der dem Toten folgte, war kein Trauerzug. Es war die Arbeiterklasse von Paris, die trauernd mitmarschierte. 40 000 folgten dem Sarg, 20 000 warteten am Beerdigungsplatz, 150 000 standen auf den Bürgersteigen des Boulevard St. Michel, als der Zug vorbeizog. Denn der tote Schriftsteller hieß Jules Vallès.

Das war nicht das erste Mal, dass man seinen Todestag beging. 1871 konnten die Zeitschriften, 'L'Illustration' und 'La Gaulois' mitteilen, dass er in Châtelet, den 25. Mai 1871 um 6 Uhr früh füsiliert worden war. 'Le Moniteur du Peuple' hatte gemeldet, dass er am 24. Mai 1871 bei der Börse füsiliert worden sei. 'La Constitution' hatte ihn in der Rue

Saint-Denis hinrichten lassen. 'Le Bien Public' hatte gewusst, dass ihn seine Strafe an der L'École Militaire ereilt habe; 'La Gazette de France' schrieb, dass er verhaftet und in einem Keller getötet worden sei. Denn er war ein führender Kommunarde gewesen und die Bourgeoisie hasste ihn. Aber er war ihrem Blutdurst entkommen und fuhr fort, als Schriftsteller zu kämpfen, erst in der Emigration und dann, als die Kommunarden Amnestie erhalten hatten, in Paris. Er baute die erste große französische Arbeiterzeitung auf: 'Le Cri du Peuple' (Der Schrei des Volkes. D. Ü.)

Die letzten Jahre seines Lebens hatte er als Redakteur und Journalist gegen den französischen Kolonialismus gekämpft, gegen das korrupte Rechtswesen und die blutsaugerische Polizei. Er hatte den Kampf für die großen Bergarbeiterstreiks aufgenommen. Er hatte die Schulreform gefordert. Er hatte für das Recht auf Arbeit und das Recht auf Glück geschrieben. Mit sich in der Redaktion hatte er Männer wie Jules Guesde. Er versuchte in seiner Zeitschrift, die französischen Sozialisten im Kampf gegen den Hauptfeind zu einen. „Der Schrei des Volkes" war eine Sammlung der Kräfte. Das bereits erklärt, dass ihm die Arbeiterklasse von Paris huldigte.

Er war aktiv im Kampf gegen den Krieg und gegen das Kaiserreich gewesen. Während der Kommune war er Mitglied der Unterrichtskommission gewesen, hatte für seine Zeitung geschrieben – damals schon unter dem Namen „Schrei des Volkes" – und hatte auf der letzten Zusammenkunft der Kommune, am 21. Mai 1871 im Hôtel de Ville den Vorsitz geführt. Vom 22. bis zum 28. Mai 1871 fanden die Endkämpfe um Paris statt. Als Verantwortlicher und führender Repräsentant des Volkes ging Vallès – mit seiner roten

Schärpe umgürtet – von Barrikade zu Barrikade. Er nahm an den erbitterten Schlusskämpfen in Belleville zusammen mit den letzten fünfzig Überlebenden teil. Er war einer der großen Repräsentanten der Kommune, dem die Pariser Arbeiterklasse am 16. Februar 1885 huldigte.

Als fünfzehnjähriger Gymnasiast in Nantes war er im Frühjahr 1848 politisch bewusst geworden. Zum Schrecken seiner Familie und seiner Lehrer nahm er Stellung für die Republik. Er wurde einer der führenden Republikaner in Nantes. Als Student setzte er seine politische Arbeit in Paris fort. Er war dort einer der Führer der Studentenaktivisten. Am 2. Dezember 1851, als der Präsident einen Staatsstreich durchführte und Kaiser Napoleon III wurde, versuchte Vallés zusammen mit Ranc, Castagnary, Arnould, Chassin und anderen die Studenten zum Kampf zu organisieren. Der Kampf misslang. Die Arbeiter machten nicht mit. Vallès sollte später die Erklärung dafür liefern. Er beschreibt, wie er versucht, einen älteren Arbeiter zu einer Barrikade zu ziehen, die die Studenten zu bauen begonnen hatten. Aber er bekommt die Antwort: „Bürgerjunge! War es dein Vater oder war es dein Onkel, der uns während der Junitage füsilierte und deportierte?"

Die Reaktion siegte, denn das arbeitende Volk war gespalten worden und es half Vallès nichts, dass er zeigen konnte, wie zerschlissen sein Bürgerrock war, den er trug, und dass sein eigener Vater – um sein Amt als Lehrer zu behalten – mit gefälschten Papieren ihn ins Irrenhaus bringen ließ. Es war am 31. Dezember, als sein Vater dies bewerkstelligte. Für die Freunde von Vallès brauchte es 2 Monate, um ihn wieder frei zu bekommen. Der Vater aber hatte seinen Lehrerposten gerettet. Männer der Niederlage, der Ausdruck, den Vallès für sich und seine Gefährten benutzte, hatte viele Bedeutungen.

Im zweiten Kaiserreich lebte er im Paris der Bohème. Aber nicht in der falschen und idyllischen Bohème von Murger. Es war das wirkliche Armen-Paris der Studenten, Lehrer und Schriftsteller. Sein erstes bitteres – und seltsamerweise erfolgreiches – Buch war eine Sammlung, in der er mit Murger abrechnete: „les Réfractaires" (wörtlich: Aufsässige, Widerspenstige. Dieses Buch erschien erstmals auf Deutsch, noch dazu gekürzt, 1946 in Hamburg unter dem etwas abwegigen Titel „Die Abwegigen" von Schlichtkrull übersetzt, der Vallès in einem Vorwort ausführlich würdigte. D. Ü.]

In allem, was er schreibt, findet sich der große, schöne Hass, den wir in Schweden ansonsten nur bei Strindberg finden. Die Sprache lebt und knistert und er gibt nicht auf. Er hasst die herrschende Klasse mit jeder Faser. Er kann diesen befreienden Hass auch mit seinen Worten vermitteln. Vallès war – wie Marcel Cachin sagte – ein Mann von Herz und auf jeder Seite verspürt der Leser das Schlagen dieses Herzens.

Es ist viel über Nietzsche und Strindberg geschrieben worden. Es ist (so weit ich weiß) nichts über Vallès und Strindberg geschrieben worden. Doch hat Strindberg selbst ehrlich, gewissenhaft und sorgfältig geschrieben, dass es der große Roman „Jacques Vingtras" von Vallès gewesen ist, der ihn zum Roman „Sohn einer Magd" inspirierte. Die Inspiration ist sehr direkt. Vor allem der erste Teil. 'L'Enfant' (Kindheit), ein Teil des 'Le Bachelier' (Studentenzeit) können als direkte Vorlagen zu Strindbergs 'Sohn einer Magd' I und II angesehen werden. (Bei beiden klingt auch Dickens an.) Dass Strindberg von Vallès beeinflusst wurde, setzt Strindberg nicht herab. Die Kultur baut immer auf unfreiem Boden auf.

Aber dass Vallès so selten in Zusammenhang mit Strindberg genannt wird, und dass Vallès immer noch ein versteckter und beinahe unterirdischer Klassiker in Frankreich ist, während Strindberg seit langem zu einer verehrten Nationalleiche erhöht wurde, das setzt Strindberg herab, und nimmt ihm die Möglichkeit, sich richtig Gehör bei Lesern in Frankreich und anderen Ländern zu verschaffen, wie es auch den schwedischen Lesern das große Erlebnis vorenthält, Vallès zu lesen. Die Literaturwissenschaft fungiert in diesem Fall – wie so oft – als dienst-beflissene Zensurinstanz im Dienst der herrschenden Klassen. Vallès wird vorenthalten, damit man besser mit Strindberg so tun kann, als wäre er fast ein Ingmar Bergman.

Die Kindheitsschilderung von Vallès zu lesen, ist seine eigene erniedrigende Kindheit nochmals so intensiv zu erleben, dass einem die Zähne klappern; seine Schilderung des Bohème-Lebens 1854 in Paris zu lesen, ist nichts anderes, als selbst dort hundert Jahre später herumzulaufen. Sein Herzschlag geht uns unter die Haut.

Aber ihn zu lesen, bedeutet auch, dass die Perspektive dieser Rolle sich weitet, hin zur Kommune und den großen sozialen Kämpfen der 1880-er Jahre. Vallès ist der Mann der Revolte, der Revolutionär wird, ohne jemals aufzuhören, Rebell und 'réfractaire' zu sein.

Wenn es allerdings Ähnlichkeiten zwischen dem Erlebnis „Der Sohn einer Magd" und der „Sohn eines Aufpassers" von der wankelmütigen Rolle der Eltern und der eigenen Revolte gibt, so gibt es auch einen wesentlichen Unterschied. Für Strindberg wurde der entscheidende Konflikt ein Prozess für Pressefreiheit, der mit einem Freispruch endete; für Vallès wurde der entscheidende Konflikt eine soziale Revolution, die mit einer Niederlage endete und bei der er – nach früheren Gefängnis-Strafen – in contumaciam zum Tode verurteilt wurde.

Viele tun sich schwer mit Vallès. Friedrich Engels konnte ihn nicht leiden. Sie standen in den Jahren der Emigration miteinander in Konflikt. Gewisse marxistische Literaturtheoretiker, die anstatt Quellentexte zu lesen, lieber Zitate sammeln, pflegen daher Vallès abzutun, indem sie zitieren, was Engels einmal in einem Brief geschrieben hat. Andere – wie der anständige Michel Ragon – tun sich aus anderen Gründen schwer mit ihm. Vallès ist „dem Volk sehr nahe, aber weit von den Werkstätten entfernt" /Ragon in 'Histoire de la Litérature proletarienne en France'). Das ist richtig und das kann man auch von Strindberg sagen.

Aber gerade diesen Typ von Schriftsteller braucht man, um die kulturelle Hegemonie der Herrschenden zu zerschlagen. Strindberg schlug einmal die schwedische Sprache den offiziellen Dichtern aus den Händen. Denen ist es immer noch nicht gelungen, sie zurückzuerobern. In Frankreich konnten Deckel über Vallès stülpen, um ihn untenzuhalten. In Frankreich würde auch die Revolution geziert sprechen, als ob es um die Antrittsrede unter unsterblichen Grünfräcken ginge (ein Teegespräch also!).

Jetzt drängt sich Vallès in Frankreich wieder hervor. Der akademischen Kritik glückte es nicht, ihn länger als ein Jahrhundert untenzuhalten. Er ist allzu lebendig. Er wird gelesen. Seine Sprache kann wieder nutzbar gemacht werden.

Bei der Arbeit für die Kultur des Volkes ist Vallès ein Verfasser, den wir brauchen. Die große Trilogie über 'Jacques Vingtras' sollte in schwedischer Sprache herauskommen.

Wald – Gehölz – Baum

Proletarische Literatur in Schweden und Frankreich Carl Henrik Svenstedt ist nicht mit dem zufrieden, was ich in der Folket i Bild/Kulturfront Nr. 2 1975 über die französische provinzielle Betrachtungsweise der proletarischen Literatur der 'Le Monde' schrieb. [Dort stellte J. M. anknüpfend an den Artikel in 'Le Monde' fest, dass es in Frankreich, im Gegensatz zu Schweden, keine proletarische Literatur gibt. D.Ü.] Aber er hat Unrecht. Er hat Unrecht im allgemeinen und Unrecht im besonderen.

Der allgemeine Fehler ist derselbe Fehler, als würde er auf die Frage:

„Warum gibt es in den Vereinigten Staaten keine Arbeiterpartei die Antwort geben: „Es gibt doch viele Arbeiterparteien in den Vereinigten Staaten!"

Es gibt mehrere Arbeiterparteien in den Vereinigten Staaten und es hat in Frankreich schreibende Arbeiter gegeben und es gibt sie; die wertvolle Bücher geschrieben haben und schreiben; dennoch gibt es in den Vereinigten Staaten keine Arbeiterpartei (sei es eine reformistische oder revisionistische oder revolutionäre) und in Frankreich keine Arbeiterliteratur. Man muss zwischen dem individuellen, dem durchschnittlichen und dem allgemeinen unterscheiden. Das ist wie mit dem Wald und dem Gehölz. Indem er nur das Vorkommen von Bäumen sieht, bemerkt Svenstedt nicht den Unterschied zwischen dem Gehölz und einem Wald.

Als Ivar Lo-Johansson 1948 in BLM schrieb:

„Schweden ist praktisch das einzige Land in der Welt, das eine proletarische Dichtung gehabt hat“, da sah er den Wald; er wollte nicht schreiben:

„Schweden ist das einzige Land in der Welt, das proletarische Dichter gehabt hat“.

Im selben Jahr schreibt Sartre:

„Wenn das weiße Proletariat selten die poetische Sprache verwendet ... so ist das kein Zufall ... Man muss daher sehen, dass es die gegenwärtigen Bedingungen des Klassenkampfes sind, die den Arbeiter davon abhalten, sich poetisch auszudrücken ...“ (‘Orphée noir’, Situation III, S, 233 -234)

Aber er zieht seine Schlussfolgerung über ‘das weiße Proletariat’ aus einer schiefen, provinziellen und französischen Erfahrung und sein langer Essay mit vielen schönen Worten bleibt in der Auffassung des kleinbürgerlichen Intellektuellen von der ‘poetischen Sprache’ stecken und die Analyse ist daher falsch und verstärkt nur noch die Kontrolle der herrschenden Klasse über die Sprache und die Literatur.

Ivar Lo-Johansson schreibt in einer kleinen Sprache am Rande Europas und Sartre ist ein Intellektueller von Weltformat und gleichwohl ist es Sartre, der provinziell unintellektuell ist und Ivar Lo-Johansson, der den Überblick hat.

Carl Henrik Svenstedt schreibt, dass die französischen Leser schwedischer Literatur nicht auf Anhieb auf Ivar Lo-Johansson stoßen. Ja, das ist möglich, dass sie die schwedische Literatur genau wie die französische zu lesen versuchen und dass sie glauben, dass die schwedische Literatur aus Bertil Malmberg, Sten Selander, Sigfrid Siwerts, Gunnar Mascoll

Silverstolpe und Bo Balderson besteht. Aber dann sind sie nicht einmal in die Nähe des Hauptstroms der schwedischen Literatur gekommen.

Das Wesentliche – und was Svenstedt nicht zu sehen scheint – ist doch, dass die schwedische Literatur und die schwedische literarische Sprache während entscheidender Jahrzehnte in diesem Jahrhundert von proletarischen Verfassern geformt wurde. Dass die schwedische und französische Literatur sich darin auf grundlegende Weise unterscheiden.

Wenn wir bei der Arbeit für eine Kultur des Volkes nicht die spezifische Tradition unseres eigenen Volkes sehen, sondern sie entweder gar nicht sehen (und glauben, dass sie genau so wie die französische, die deutsche oder englische sei) oder glauben, dass sie selbstverständlich und allgemeingültig sei (dass also unsere Erfahrung ohne weiteres auch in Paris oder Berlin oder London gilt), dann werden wir hier und jetzt für uns keine konkreten Arbeitsaufgaben formulieren können und auch nicht die Probleme der Literatur, Kultur und des Klassenkampfes im allgemeinen diskutieren können. Dann verlieren wir unser großes Erbe.

Deshalb ist es wichtig, genau zu beachten, was Ola Holmgren in 'Förr och Nu' [nach der Konzeption von Folket i Bild aufgebaute Kulturzeitschrift. D. Ü.] schrieb:

„Das Examen wird wieder einmal das gemeinsame Mandarin-Abzeichen für anerkannte Verfasser, unabhängig von ihrer Klassenzugehörigkeit.“

Wir müssen ganz bewusst unsere eigene Tradition aufgreifen, damit uns diese Schulentwicklung nicht französische Verhältnisse beschert.

Aber Carl Henrik Svenstedt hatte nicht nur im allgemeinen, sondern auch im besonderen Unrecht. Michel Ragon ist ja kein Unbekannter. Er ist ein sympathischer französischer Arbeiter-Intellektueller. In Le Monde vom 13. 12. 74 verweist Paul Morelle auf Proudhon, als er über die Literatur schreibt, zu deren Interpreten sich Michel Ragon macht. Das ist richtig. In seinem Vorwort zu Michel Ragons 'Histoire de la Litérature ouvrière' (Paris 1953) hob Professor Dolléans auch Michel Ragons Verbindungen zur Tradition von Jules Michelet hervor. Michel Ragon repräsentiert eine traditionelle Linie in der französischen Arbeiterklasse; eine radikale und romantisierende Arbeiterverehrung mit Wurzeln in den Debatten der Gesellenwanderungen und der ersten selbständigen Arbeiterzeitung in den 1840-er Jahren. Zum Teil erklärte das auch die relative Isolierung dieser Literatur in Frankreich.

(Als wir die Folket i Bild aufbauten, verwies ich auch auf Jules Michelet – aber wir hielten uns an die Tradition volkstümlicher Kulturarbeit von Michelet über Mehring bis in unser Jahrhundert. Also an die Tradition, die von der modernen Arbeiterbewegung weiterentwickelt wurde. Das spiegelt sich sowohl in unserer Organisationsstruktur wie in unserer nach außen gerichteten Arbeit wider. Diejenigen, die uns wegen unseres 'Populismus' angegriffen haben, haben selten den konkreten Inhalt unserer Tradition studiert.)

Carl Henrik Svenstedt scheint zu glauben, dass Nils F. Andersson eine merkwürdige Diskussion über die Rolle der Sprache führt. Ich meine, dass Nils F. Andersson eine Diskussion führt, die es verdient, beachtet zu werden, gerade deshalb, weil sie auf grundlegende Weise an die Fragestellungen von Michel Ragon anknüpft. Nils F. Andersson bewegt sich in der Struktur der französischen Debatte und kann gleichzeitig als

Außenstehender deren Besonderheiten beobachten.

Jules Michelet hob hervor, dass gerade der große sprachliche Vorzug der Arbeiterschriftsteller – das Direkte – in eine Niederlage verwandelt wird, wenn sie sich den Abstraktionen und den vorgefertigten Phrasen der herrschenden Klasse anpassen. Und genau da befindet sich – wie Jules Michelet schrieb und wie Michel Ragon diskutierte und wie Nils F. Andersson in 'Förr och Nu' weiterentwickelte – die klassische Schwierigkeit der französischen Arbeiterliteratur. Um Jules Michelet zu zitieren (in Dolléans Vorwort zu Michel Ragons 'Histoire de la Litérature ouvrière', S. 11):

„Beinahe immer verlieren diejenigen, die aufsteigen, weil sie sich verwandeln und Bastarde werden. Sie verlieren das Ursprüngliche ihrer eigenen Klasse, ohne es bei der anderen Klasse zu gewinnen. Die Schwierigkeit ist nicht das Steigen, sondern beim Steigen sich selbst treu zu bleiben." Ich hatte 'Le Monde' als Beispiel genommen, ohne auf Details einzugehen. Das hatte ich deshalb gemacht, weil in dem Artikel von Paul Morelle, Hubert Juin oder André Laude nichts darauf hindeutete, dass sie eingesehen hätten, warum die französische Literatur nicht von der proletarischen Literatur geprägt wird. Da sie sich nicht von außen sehen, können sie nicht einmal die Frage richtig stellen.

Aber auch wir in Schweden werden die Fragen nicht richtig stellen können, wenn wir nicht unsere Besonderheit zu sehen lernen, indem wir sie durch andere Traditionen (beispielsweise die französische) hindurch beobachten und auf diese Weise reflektiert unsere Möglichkeiten erforschen.

„Skogen – dungen – träden", Folket i Bild/Kulturfront, 1975:5